BORIS PODRECCA

Architektur im Ringturm XVI

Herausgeber | Editor Adolph Stiller

BORIS PODRECCA

ARCHITEKTUR ARCHITECTURE

VERLAG ANTON PUSTET

Diese Publikation erscheint anlässlich des Neubaus der Landesdirektion der Wiener Städtischen Versicherung, Graz und der gleichnamigen Ausstellung im Ausstellungszentrum der WIENER STÄDTISCHE Versicherung AG VIENNA INSURANCE GROUP in Wien, Schottenring 30.

Ausstellungskuratoren | Exhibition curators
MICHAEL GROSSMANN
ADOLPH STILLER

Redaktion und Bildrecherche | Editing and archive research
MICHAEL GROSSMANN

Grafische Gestaltung | Graphic design
HALLER & HALLER

Übersetzung | Translation
WERNER RAPPL

Papier
Job Parilux matt, 150g

Druck
TDS WIEN

ISBN 978-3-7025-0580-6

WIENER STÄDTISCHE
VIENNA INSURANCE GROUP

Dank | Acknowledgments:
für die Leihgabe der Modelle
loan of the architectural models

Hoto Group d.o.o. Zagreb

M.N. Metropolitana di Napoli S.p.A

La Biennale di architettura, Venezia

Motta di Livenza
Italien | Italy 2002

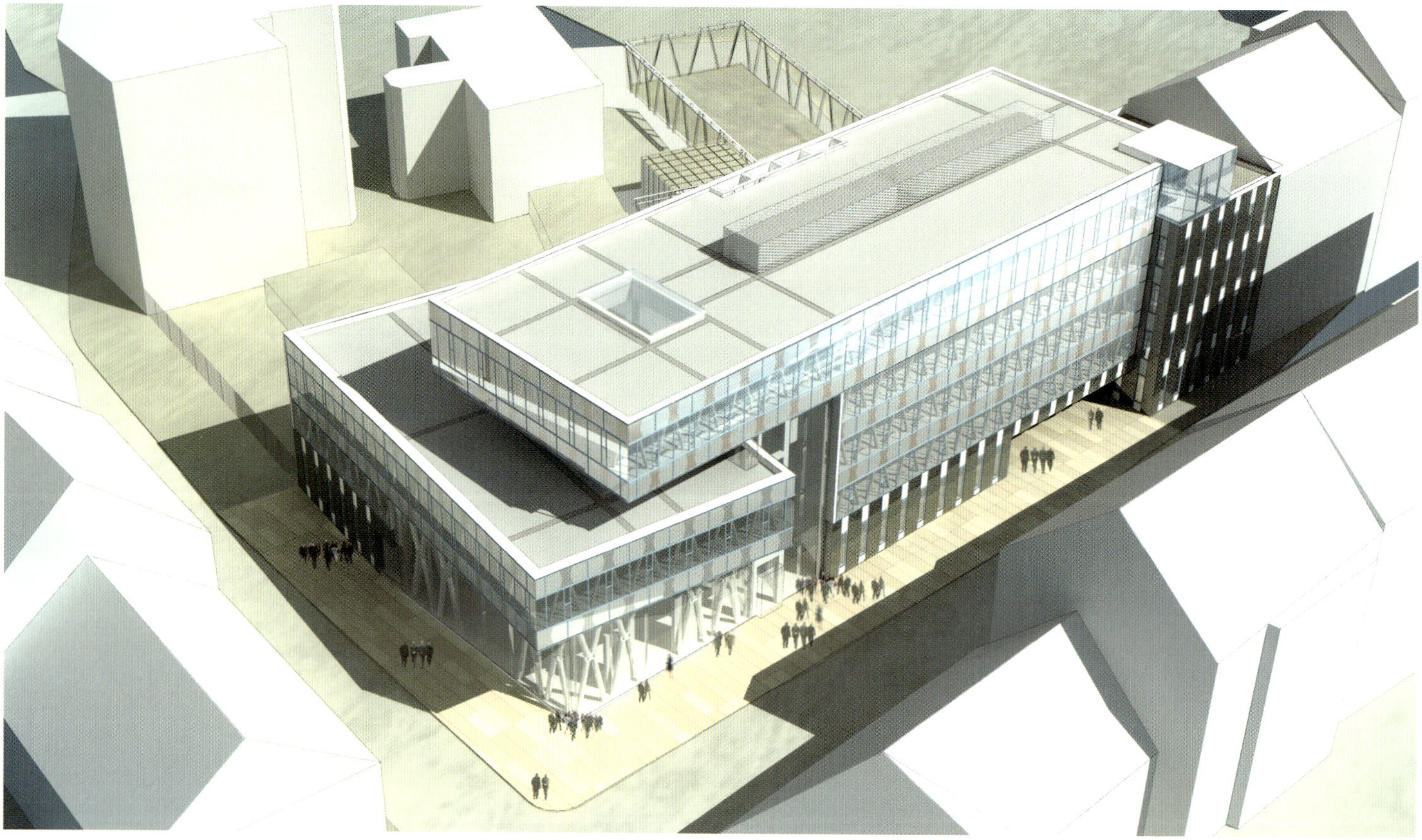

Landesdirektion Steiermark
Wiener Städtische Versicherung AG
Vienna Insurance Group
Graz, Österreich, 2006–

Styria Regional Head Office
Wiener Städtische Versicherung AG
Vienna Insurance Group
Graz, Austria, 2006–

VORWORT

„Boris Podrecca Architektur" ist für die WIENER STÄDTISCHE Versicherung AG Vienna Insurance Group nicht nur als Ausstellung im Rahmen der Reihe *Architektur im Ringturm* von Bedeutung; die Verbindung der Vienna Insurance Group zu Boris Podrecca definiert sich über weit mehr als die architektonische Gestaltung von Räumen für unsere Versicherungsgruppe in Österreich.

Mit seinem architektonischen Schaffen realisiert Boris Podrecca die Vernetzung seiner vielfältigen Wurzeln und Quellen, die jenem Raum gewidmet ist, der über Landesgrenzen hinweg für eine ganz spezifische Tradition und Modernität steht: Es ist der geografische Raum der oberen Adria sowie Österreich. Boris Podrecca integriert diese Einflüsse in seine großartigen und unverkennbaren Bauten und gestalteten Plätze.

Es ist gerade diese Vernetzung von Wurzeln mit dem Heute und das daraus abgeleitete Schaffen von Neuem eine Vorgangsweise, die auch das partnerschaftliche Miteinander der einzelnen Familienmitglieder der Vienna Insurance Group in Zentral- und Osteuropa prägt, die stark im gleichen geografischen Raum vertreten ist, aus dem Boris Podrecca seine Kraft schöpft. Sein historisches Bewusstsein sowie seine Auseinandersetzung mit Vertretern der Moderne in der Architektur wie etwa Gottfried Semper, Josef Plečnik, Max Fabiani oder Adolf Loos machen Boris Podrecca zu einem wahrhaft europäischen Architekten.

Boris Podrecca hat für die Vienna Insurance Group Räume geöffnet. Sei es durch die Gestaltung der Donau Versicherung an der Wiener Ringstraße, die unverkennbar seine Signatur trägt, durch die Umgestaltung des 20. Stocks im Wiener Ringturm oder des Foyers in unserer Zentrale, in der jetzt diese Ausstellung stattfindet. Ganz aktuell wurde mit den Arbeiten zum Neubau der Landesdirektion der Wiener Städtischen und Donau Versicherung in Graz begonnen.

Viel Freude und Interesse mit dem vorliegenden Katalog. Ich könnte mir vorstellen, dass unsere Schau im Ringturm Anreiz ist, Bauten und Plätze von Boris Podrecca außerhalb Österreichs in Slowenien, Kroatien, Italien oder Deutschland neu zu entdecken.

FOREWORD

For the WIENER STÄDTISCHE Versicherung AG Vienna Insurance Group, the "Boris Podrecca Architektur" exhibition is not only important as part of the *Architektur im Ringturm* series; the Vienna Insurance Group's connection with Boris Podrecca reaches far beyond the architectural design of rooms for our insurance group in Austria.

In his architectural creations, Boris Podrecca manages to link his manifold roots and sources in a network dedicated to an area which, regardless of national borders, stands for a very specific tradition and for modernity. It is the geographic area of the Upper Adriatic and Austria. Boris Podrecca integrates these influences in his magnificent and unmistakable buildings and designed urban squares.

Precisely such a network of roots linked to the present and leading to new creations is characteristic also of the partnership of the individual family members of the Vienna Insurance Group in Central and Eastern Europe, located for the most part in the same geographic area from which Boris Podrecca draws his strength. His awareness of history and his familiarity with representatives of modern architecture such as Gottfried Semper, Josef Plečnik, Max Fabiani or Adolf Loos make Boris Podrecca a truly European architect.

Boris Podrecca has opened up new spaces for the Vienna Insurance Group: whether by the design of the Donau Versicherung on the Vienna Ringstrasse which unmistakably bears his signature, or the re-designed 20th floor of the Vienna Ringturm or the lobby of our headquarters where the present exhibition is taking place. And most recently, work has begun on the reconstruction of the regional headquarters of the "Wiener Städtische" and of the "Donau Versicherung" insurance companies in Graz.

We hope that you will find this catalogue interesting and enjoyable. I could imagine that our show atthe Ringturm might be an incentive to rediscover buildings and squares by Boris Podrecca outside of Austria, in Slovenia, Croatia, Italy or Germany.

Dr. Günter Geyer
Generaldirektor | General Manager
WIENER STÄDTISCHE Versicherung AG
Vienna Insurance Group

Landesdirektion Steiermark
Wiener Städtische Versicherung AG
Vienna Insurance Group
Graz, Österreich, 2006–
mit K. Bollinger, Tragwerksplaner

Styria Regional Head Office
Wiener Städtische Versicherung AG
Vienna Insurance Group
Graz, Austria, 2006–
with K. Bollinger, structural engineer

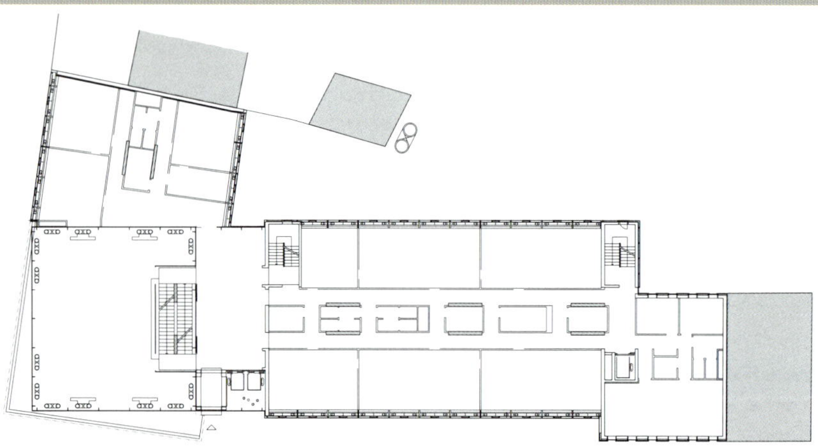

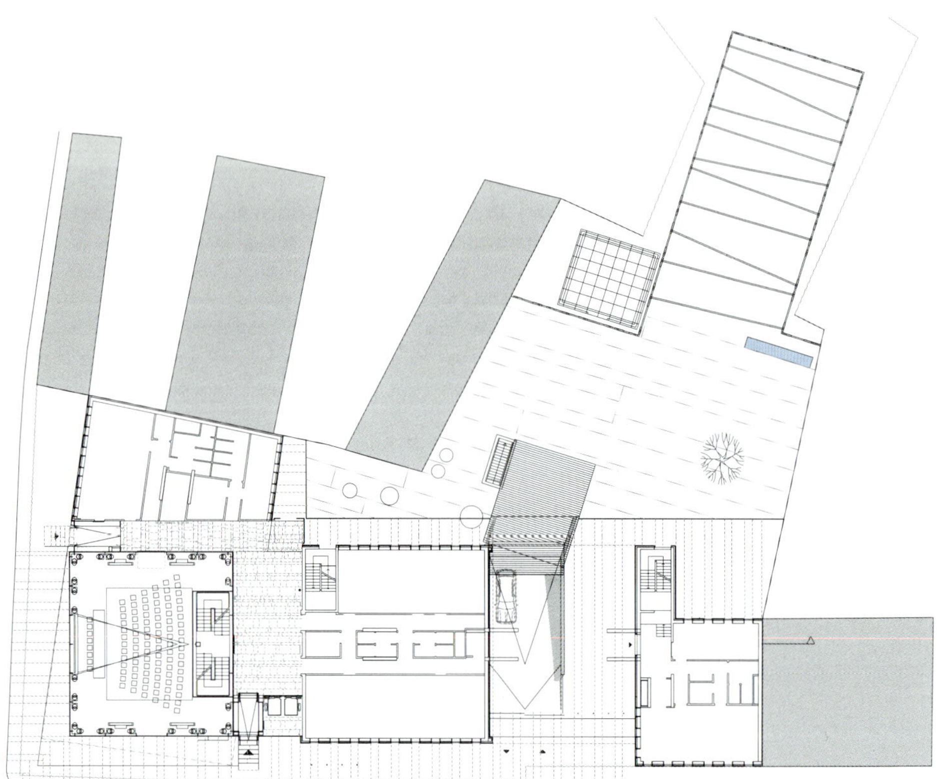

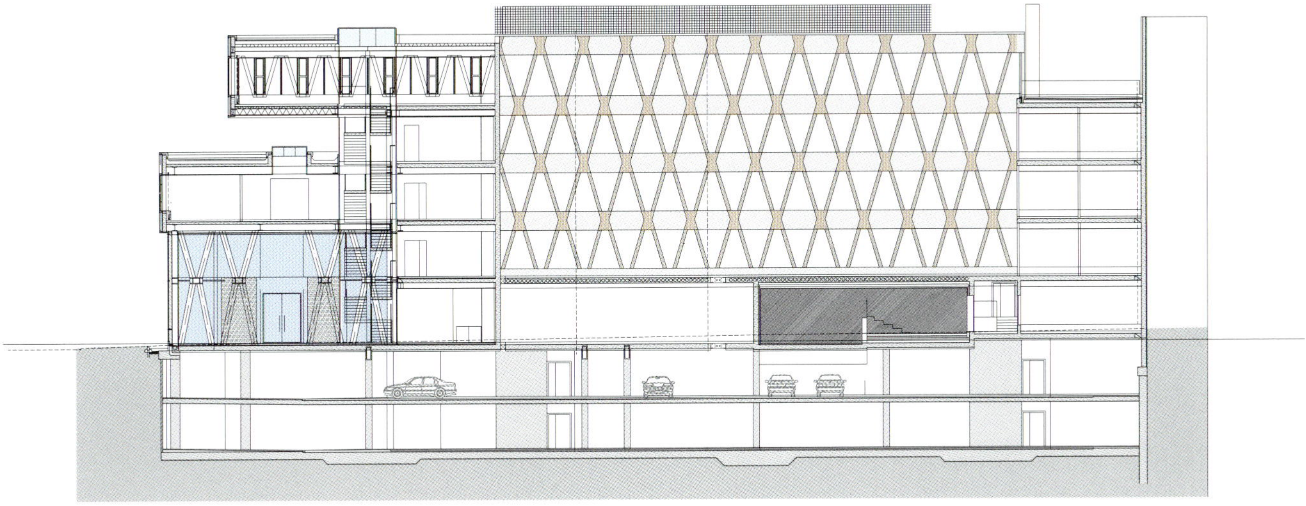

TEXTSPLITTER | TEXT SPLINTERS

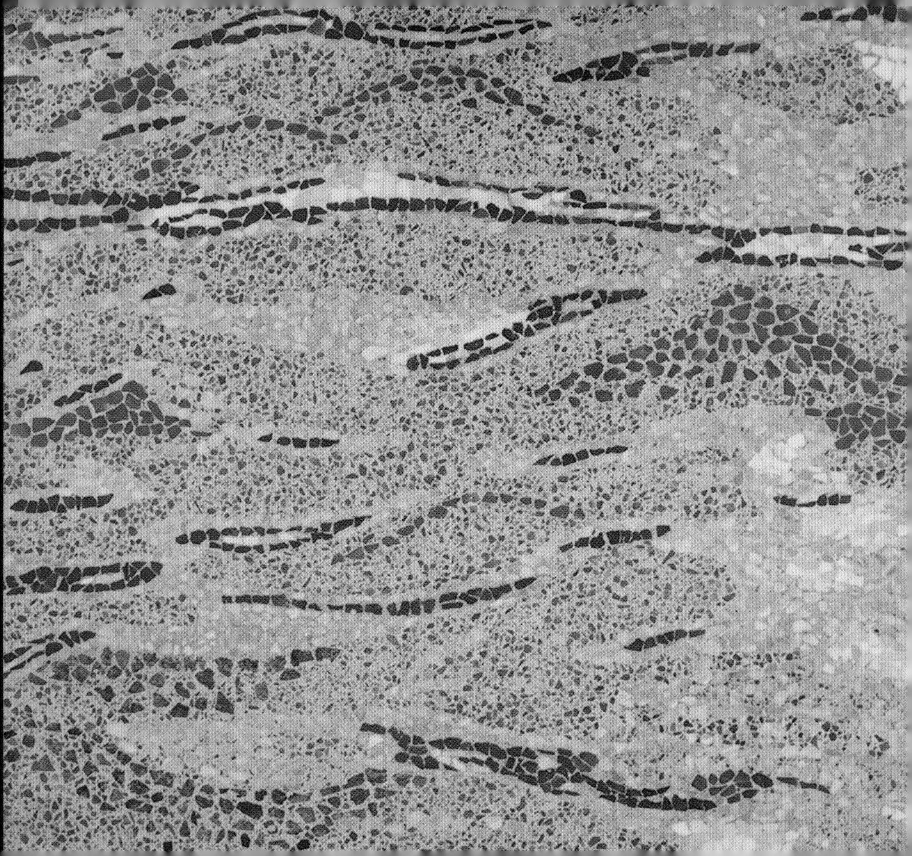

Piazza Tartini
Piran, Slowenien, 1986–89

Piazza Tartini
Piran, Slovenia, 1986–89

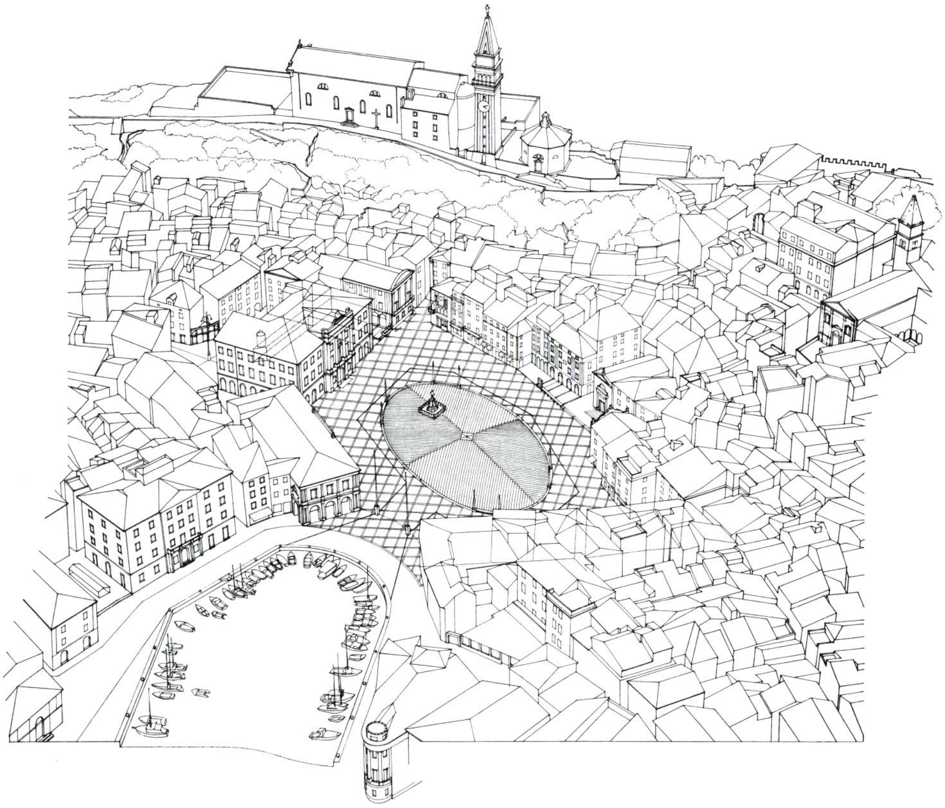

Umbau Galerie Sv. Donat
Piran, Slowenien, 1990

Conversion Sv. Donat gallery
Piran, Slovenia, 1990

Umbau Villa Moralić
Cavtat/Dubrovnik
Kroatien, 1986–89

Conversion Villa Moralić
Cavtat/Dubrovnik
Croatia, 1986–89

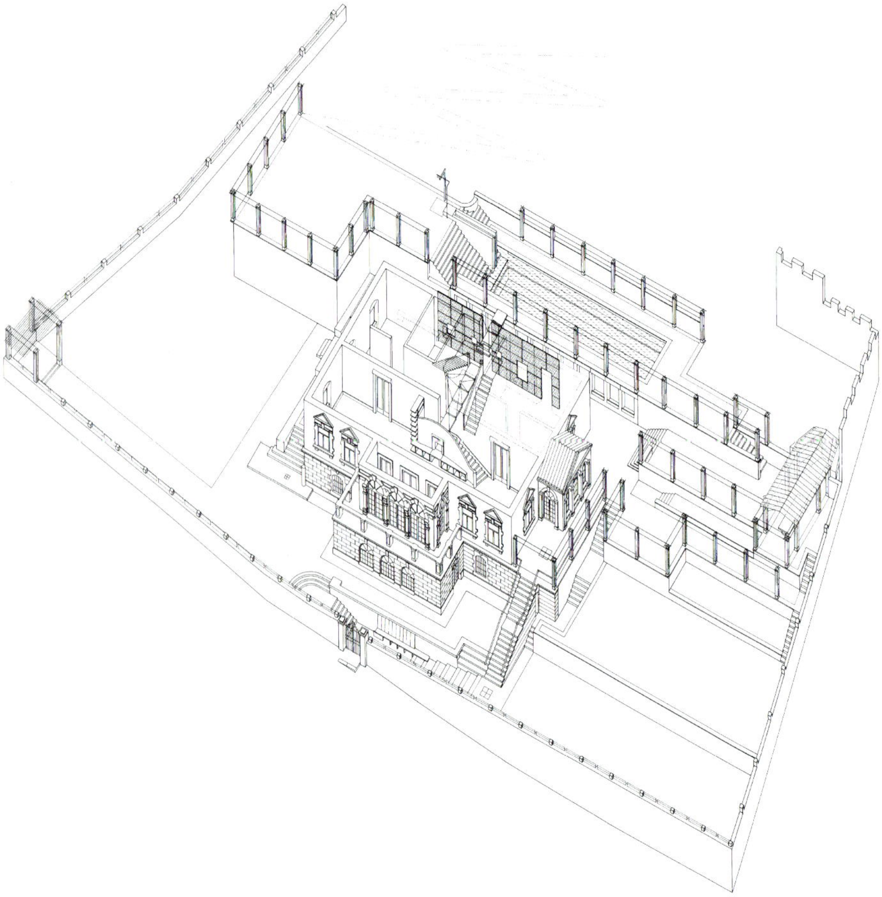

Sozialer Wohnbau, Kapellenweg
Wien, Österreich, 1986–93

Social housing, Kapellenweg
Vienna, Austria, 1986–93

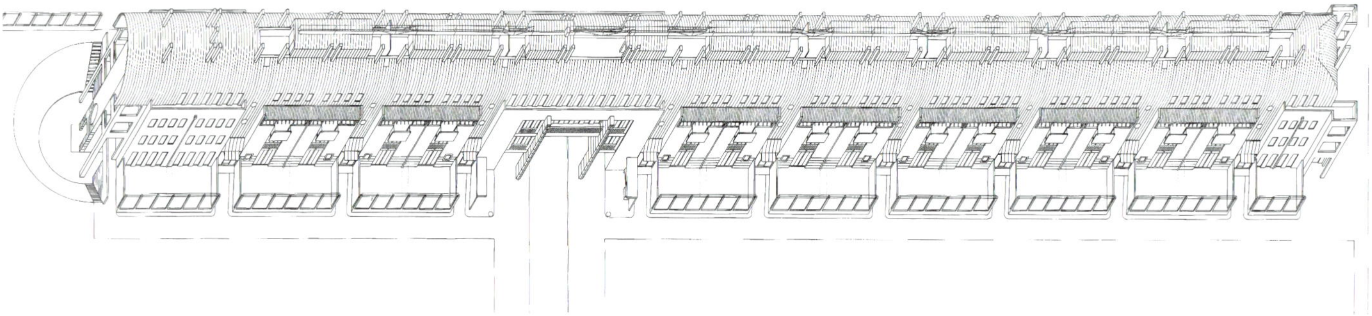

Sozialer Wohnbau, Am Liesingbach
Wien, Österreich, 1993–99

Social housing, Am Liesingbach
Vienna, Austria, 1993–99

Einfamilienhaus Glaser
Wien, Österreich, 1988–95

Single-family house Glaser
Vienna, Austria, 1988–95

Wiens Beitrag zur Architekturgeschichte des zwanzigsten Jahrhunderts ist unübertroffen. Podreccas Arbeiten beinhalten viele der traditionellen Tugenden der Wiener Baukunst. Hauptsächlich im kontextuellen Milieu Wiens verwirklicht, kann sein Werk sowohl als ein Beitrag dieser Baukultur als auch ein Akt der Liebe ihr gegenüber verstanden werden. Seine Projekte sprechen vom Respekt für den Menschen Zentraleuropas und seiner Stadt. Die Präzision seines Details und die Lust am Festhalten an der Exaktheit der Formsprache, die seit jeher in der Wiener Bautradition im Vordergrund stand, gibt seinem Werk die nötige Würde, die für eine der kulturträchtigsten Städte der Welt unentbehrlich ist. Mehr noch, diese Sequenz von subtilen Zusammenfügungen, die in einer vielschichtigen Geometrie verwoben werden, was sowohl große wie auch kleine Arbeiten betrifft, erzeugt eine fließende Kontinuität in seinem Werk. Somit zeigen Podreccas Bauten sämtliche Prämissen einer reifen Architektursprache, wo alle Parameter des heutigen Architekturdiskurses vorhanden sind.

José Rafael Moneo

Vienna's contribution to the architectural history of the twentieth century is unequalled. Podrecca's work incorporates many of the traditional virtues of Viennese architecture. Realized mainly in the contextual environment of Vienna, his work can be considered a service to that environment as well as an act of love for it. The projects are models of respect both for the Central European people and for the cities themselves. The accuracy of the details and his pleasure in maintaining the exactitude and rigor of form, which has always characterized the Viennese building tradition, give his work the dignity befitting one of the most civilized cities in the world. Moreover, this series of refined and beautiful details is enmeshed in a very subtle geometry, which gives his work, both large and small, the virtue of consistency. Podrecca's buildings always display the attributes of mature architectural language, in which all the issues that intrigue architects are present.

José Rafael Moneo

aus | from:
J. R. Moneo/W. Wang, *Boris Podrecca*. Ausstellungskatalog. Harvard University, Graduate School of Design Cambridge, Massachusetts. New York 1987

Atelierhaus, Werbeagentur GGK
Wien, Österreich, 1984–86

Studio building, Advertising Agency GGK
Vienna, Austria, 1984–86

Ausstellungshalle, Technisches Museum Wien
Wien, Österreich, 1989

Exhibition hall, Technical Museum of Vienna
Vienna, Austria, 1989

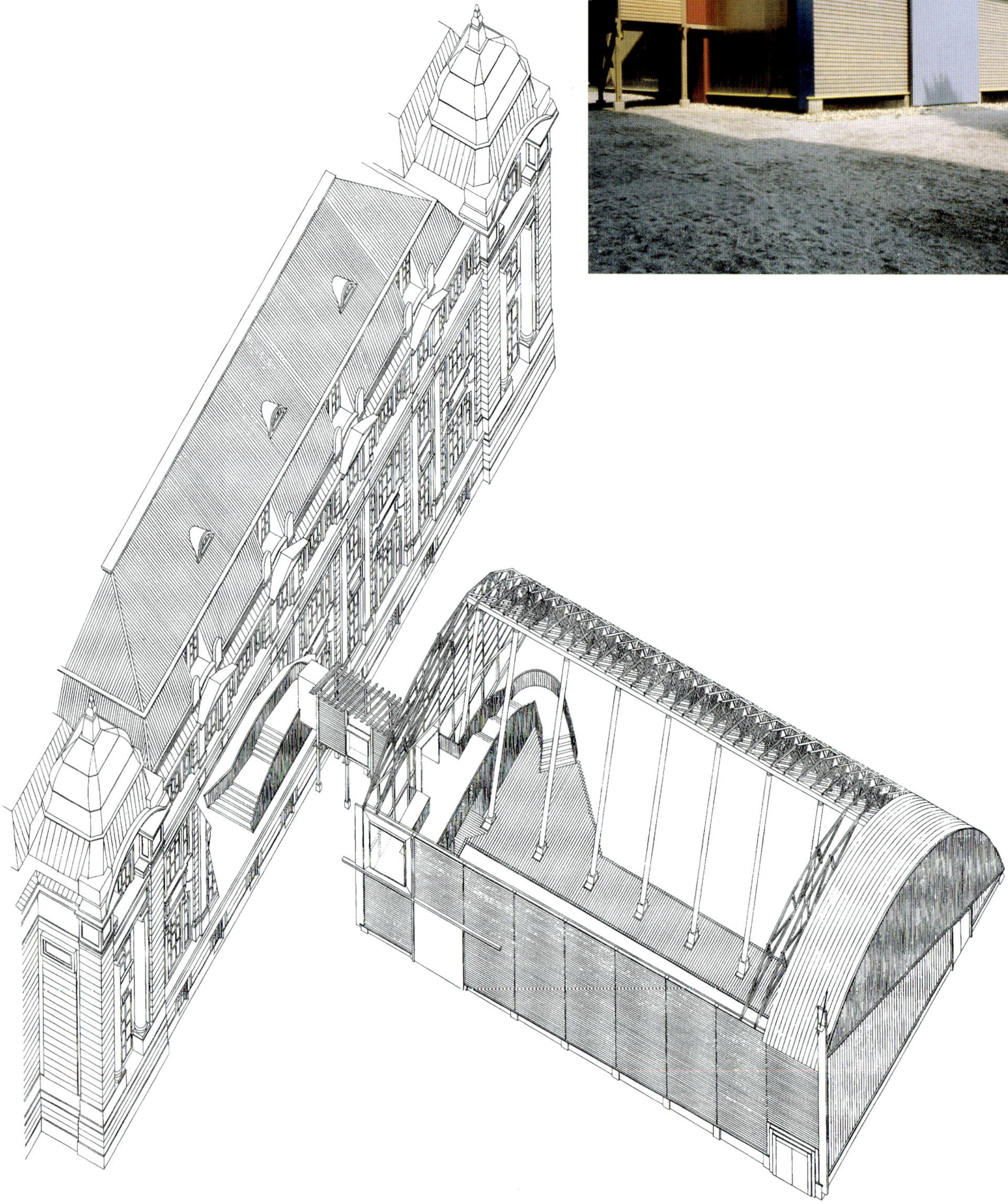

Musikpavillon
Historisches Museum der Stadt Wien
Wien, Peking, Hongkong, 1999

Music pavilion
Museum of History of the City of Vienna
Vienna, Beijing, Hongkong, 1999

Ausstellung „Bismarck – Preussen, Deutschland und Europa"
anlässlich der „Deutschen Wiedervereinigung"
Deutsches Historisches Museum, Martin Gropius Bau
Berlin, Deutschland, 1990

Exhibition "Bismarck – Preussen, Deutschland und Europa"
on the occasion of the reunification of Germany
Deutsches Historisches Museum, Martin Gropius Building
Berlin, Germany, 1990

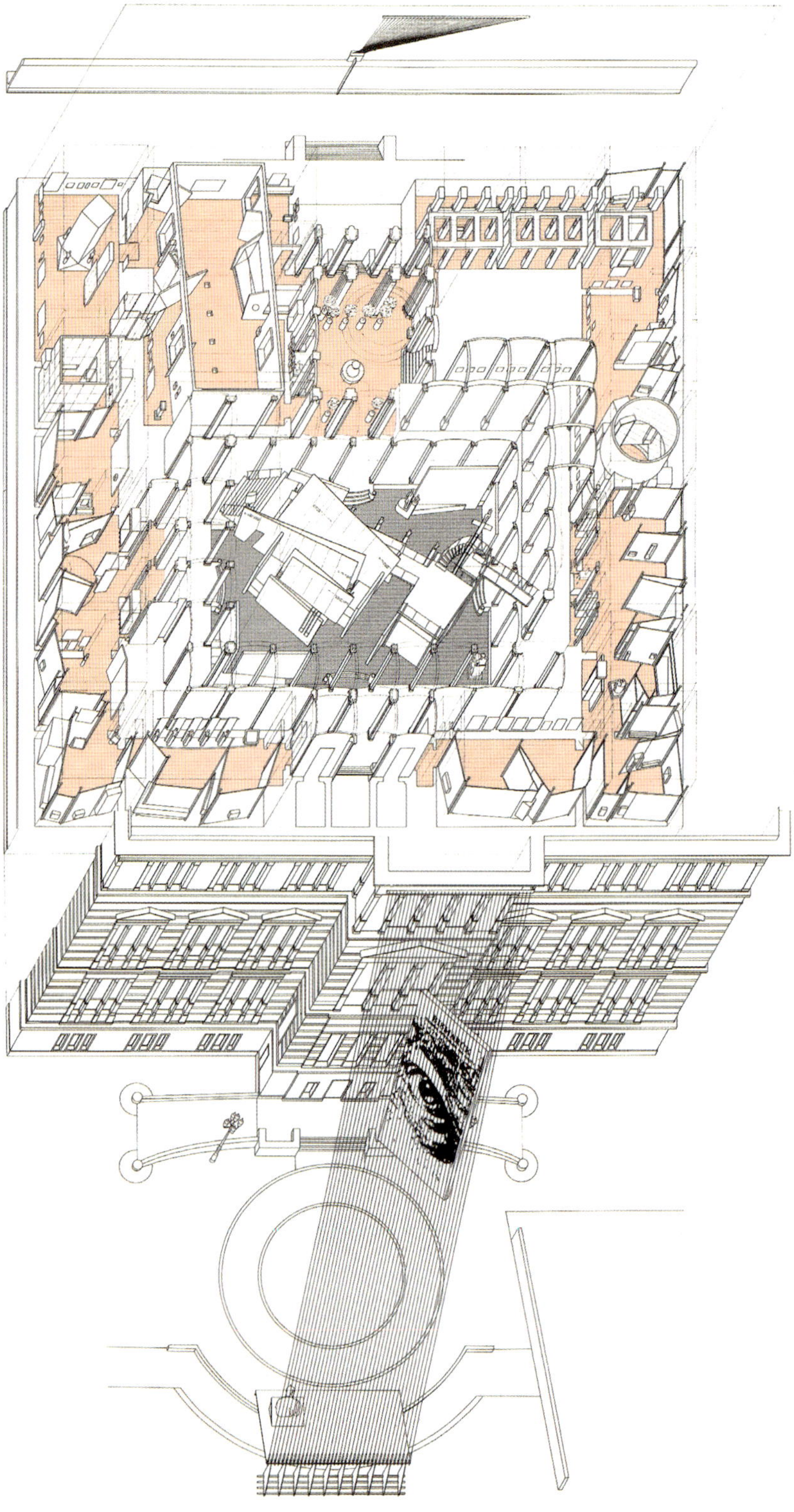

REPUBLIC
DEUTSCHLAND

Piazza XXIV Maggio
Cormons, Italien, 1989/90

Piazza XXIV Maggio
Cormons, Italy, 1989/90

Autohaus Mazda-Lietz
Waidhofen/Ybbs, Österreich, 1990–92

Mazda-Lietz, car dealer, showroom and sales
Waidhofen/Ybbs, Austria, 1990–92

mazda

Autohaus Mazda-Lietz
Steyr, Österreich, 2000–02

Mazda-Lietz, car dealer, showroom and sales
Steyr, Austria, 2000–02

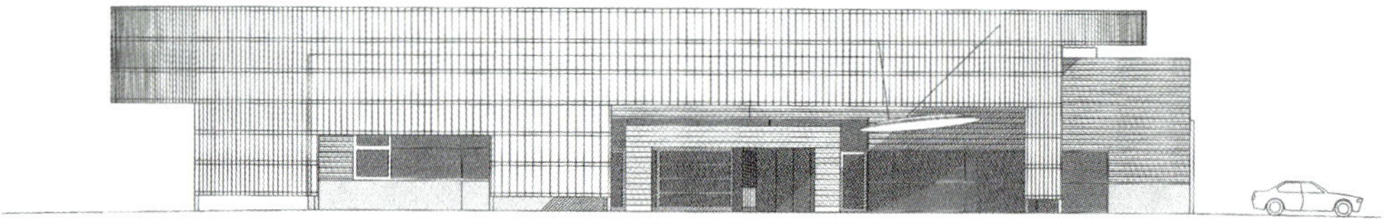

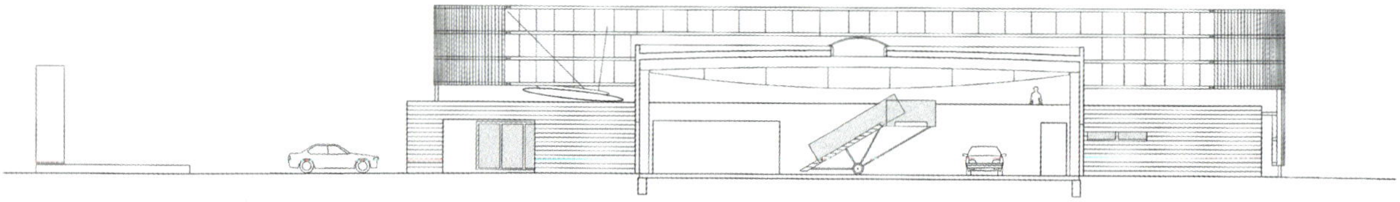

aus | from:
W. Zschokke, *Boris Podrecca. Opere e progetti*. Monography, Electa, No. 112, Milano 1998

Bürozentrum
Basler Versicherung
Wien, Österreich, 1990–93

Office building
Basler Insurance Company
Vienna, Austria, 1990–93

Einfamilienhaus Reich-Rohrwig
Wien, Österreich, 1990–93

Single-family house Reich-Rohrwig
Vienna, Austria, 1990–93

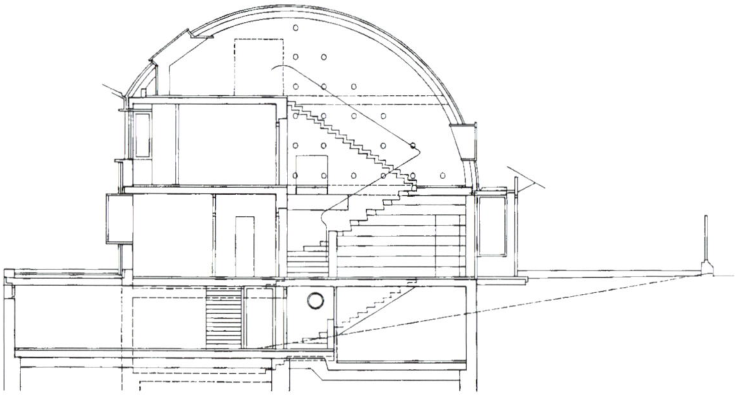

Umbau
Erste Österreichische Spar-Casse
Wien, Österreich, 1991–93

Conversion, bank branch
Erste Österreichische Spar-Casse
Vienna, Austria, 1991–93

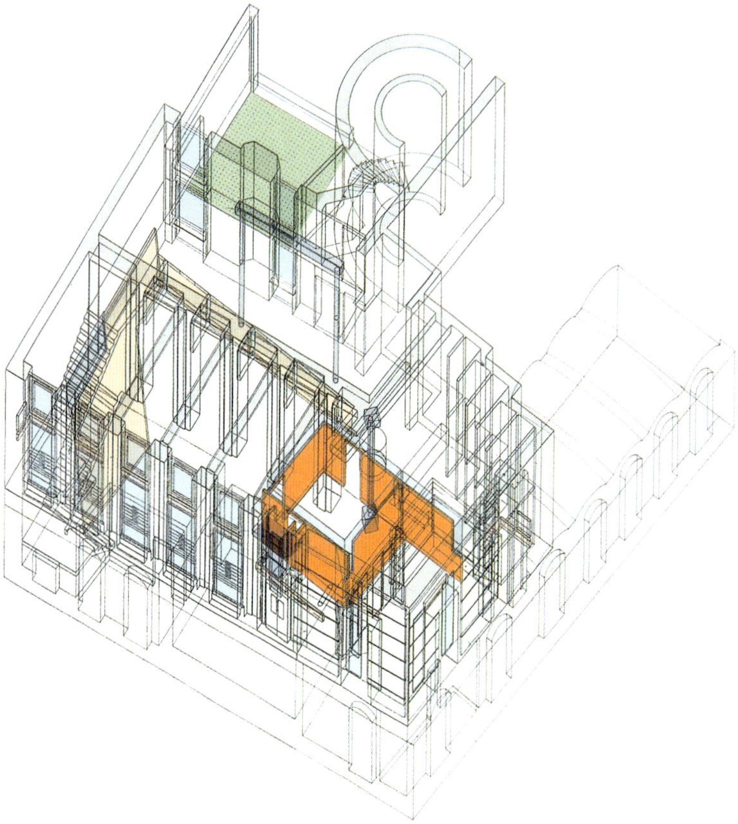

Hotel und Studentenwohnheim Korotan
Wien, Österreich, 1991–94

Korotan, hotel and student dormitory
Vienna, Austria, 1991–94

Erste Österreichische Spar-Casse
Innsbruck, Österreich, 1997–2000

Erste Österreichische Spar-Casse
Innsbruck, Austria, 1997–2000

Hauptschule Dirmhirngasse
Wien, Österreich, 1991–94

Secondary school, Dirmhirngasse
Vienna, Austria, 1991–94

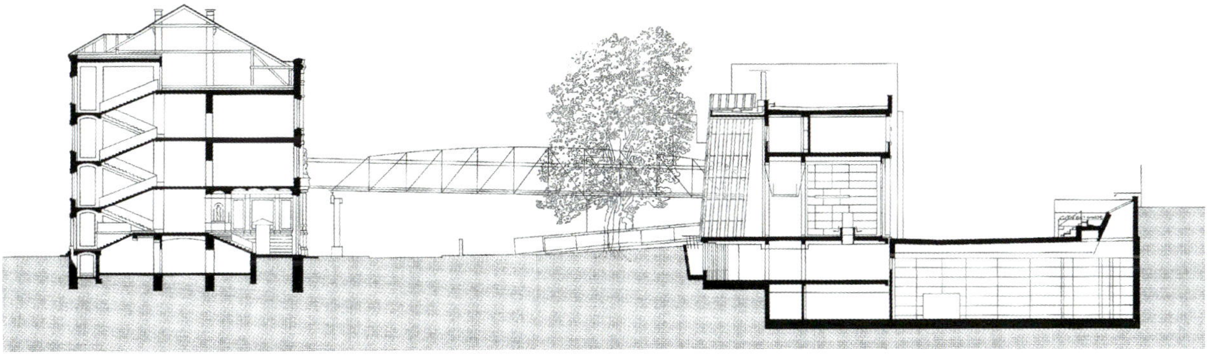

Umbau Stadtbibliothek
Biberach, Deutschland, 1992–95

Conversion municipal library
Biberach, Germany, 1992–95

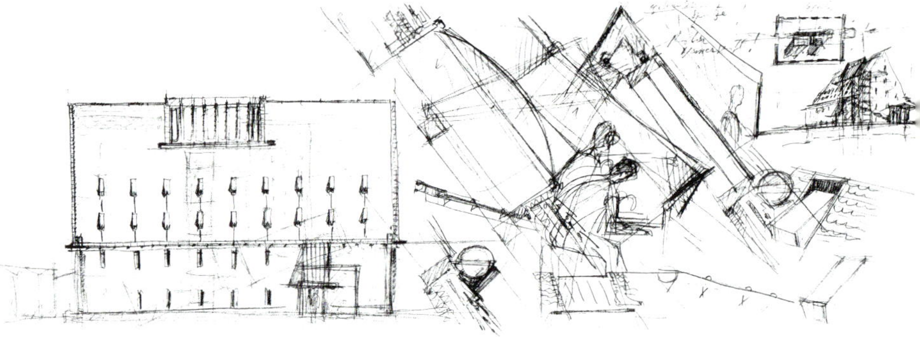

Greif-Areal
Büros, Wohnungen, Shopping Center und Hotel
Bozen, Italien, 1992–2000
mit Promatec

Greif-Complex
Offices, housing, shopping center and hotel
Bolzano, Italy, 1992–2000
with Promatec

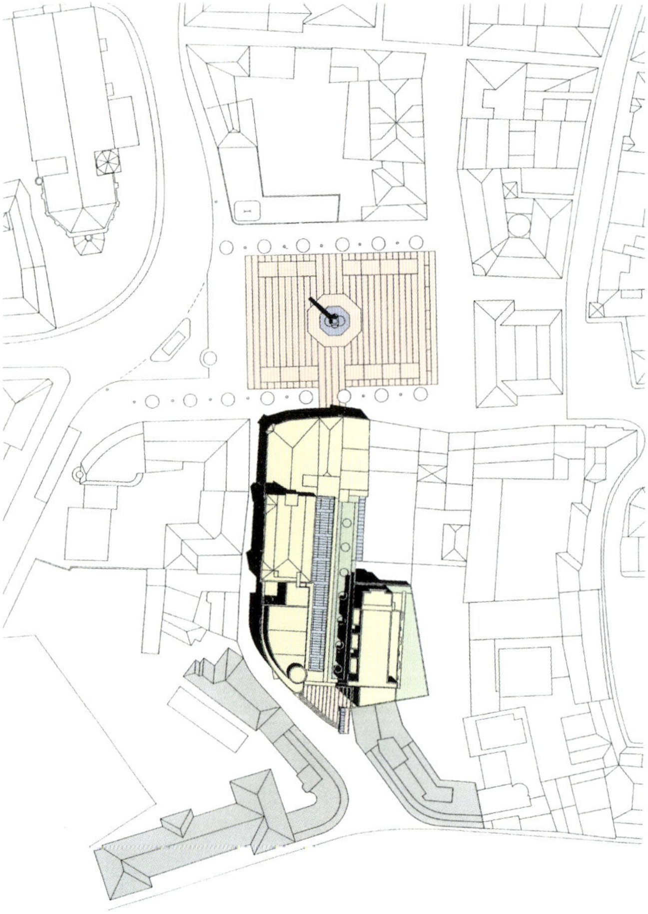

GREIF

Bar Grifoncino
Hotel Greif
Bozen, Italien, 2006/07

Bar Grifoncino
Hotel Greif
Bolzano, Italy, 2006/07

Einige Polaritäten, die mir von Boris Podrecca bekannt sind, wären:
Er ist in seiner Architektur erzählerisch, nicht abstrakt;
geschichtet, nicht monolithisch;
ortsgebunden, nicht nomadisch;
seine Architektur ist anthropozentrisch, aber nicht objektzentriert,
obwohl sie natürlich alle klassischen und antiklassischen Traktate
der Architekturtheorie im Blickwinkel hat.

Otto Kapfinger

Some polarities already known to me about Boris Podrecca are:
In his architecture he is narrative, not abstract;
Layered, not monolithic;
Locally-based, not nomadic;
His architecture is anthropocentric but not building-centred,
although it naturally keeps a perspective on all the classical and
anti-classical treatises of architectural theory.

Otto Kapfinger

aus | from:
Ausstellungskatalog *Boris Podrecca – Poetik der Unterschiede / The Poetics of Difference*,
Historisches Museum der Stadt Wien, 1999

Projekt Arsenale Areal, Venedig
Triennale di Architettura, Mailand, Italien, 1987

Rebuilding of the Arsenale Complex Venice
Triennale di Architettura, Milan, Italy, 1987

Umbau Museum Moderner Kunst Ca'Pesaro
Venedig, Italien, 1992–2002
mit M. Zordan

Conversion Museum of Modern Art Ca'Pesaro
Venice, Italy, 1992–2002
with M. Zordan

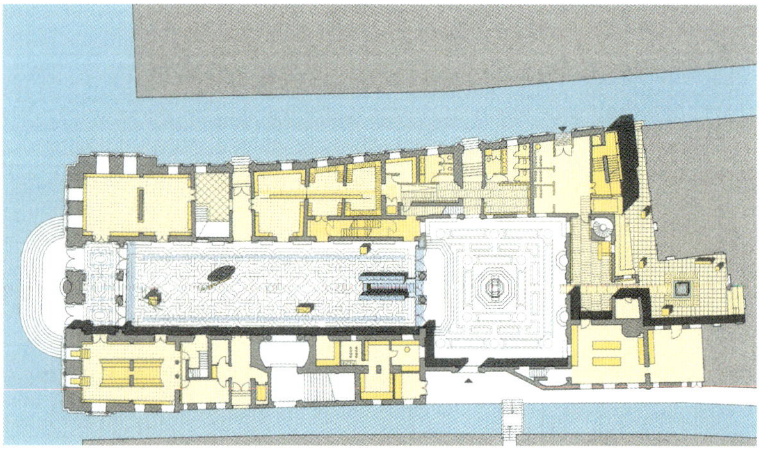

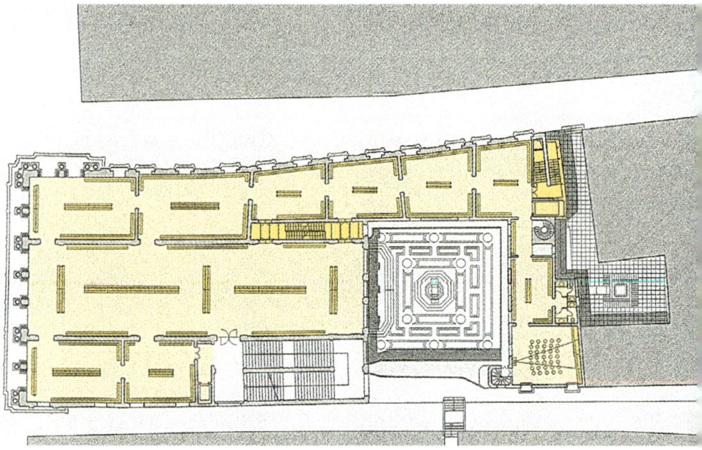

Ca' Pesaro
Ca' Pesaro
Il palazzo

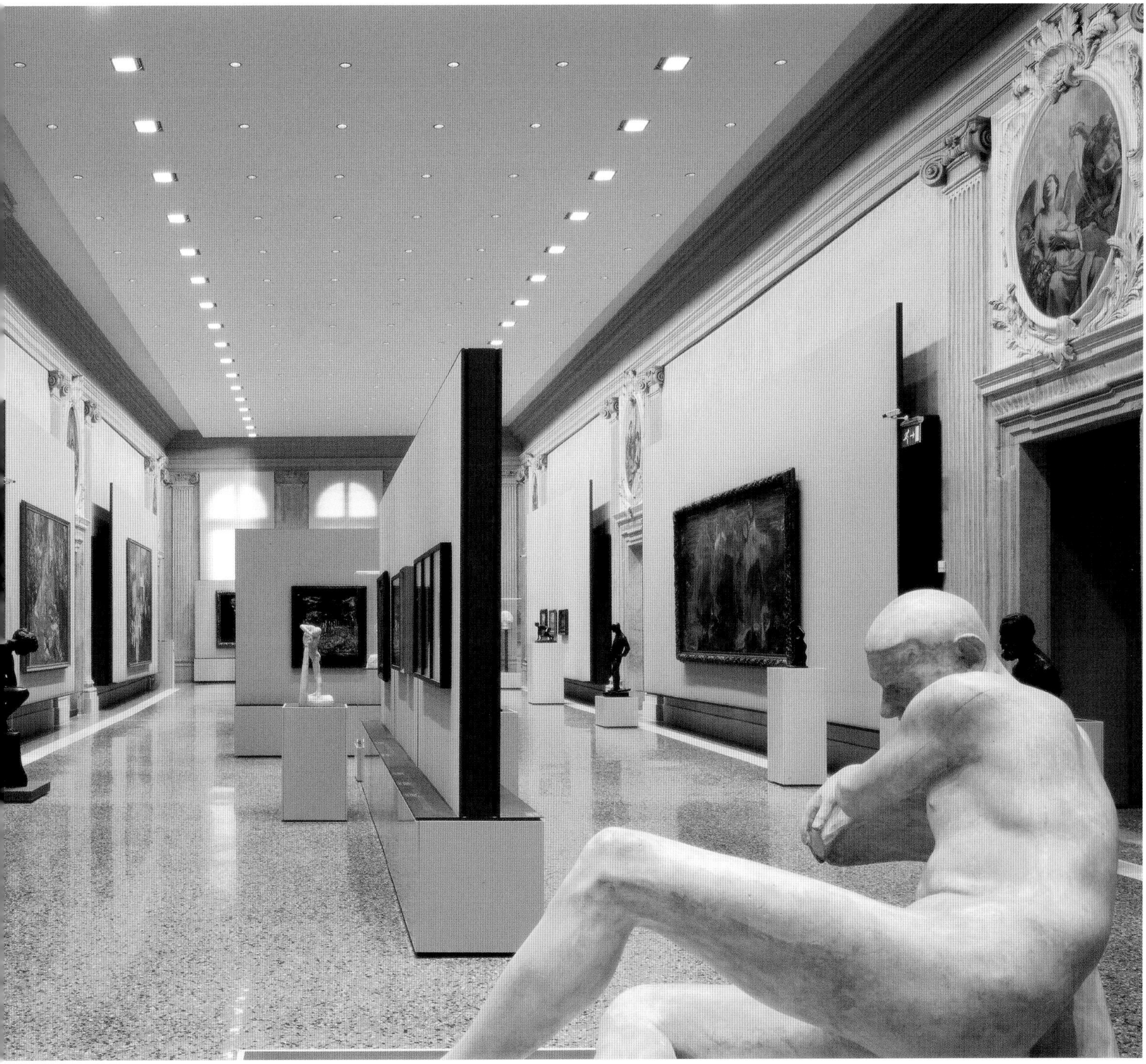

Pfarrkirche
und Gemeindezentrum
Pentecoste
Mailand, Italien, 2001–
Wettbewerb, 1. Preis

Parish church
and benefice center
Pentecoste
Milan, Italy, 2001–
competition, 1st prize

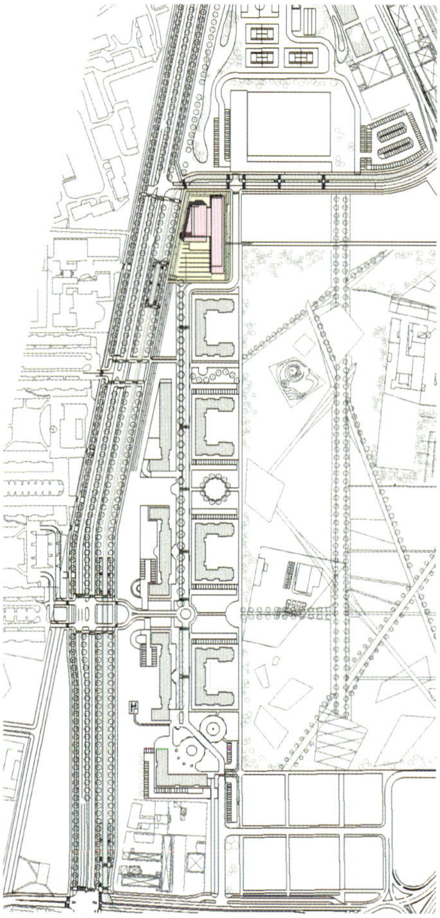

Serbisch-orthodoxe Kirche
Wien, Österreich, 2001–03

Serbian Orthodox Church
Vienna, Austria, 2001–03

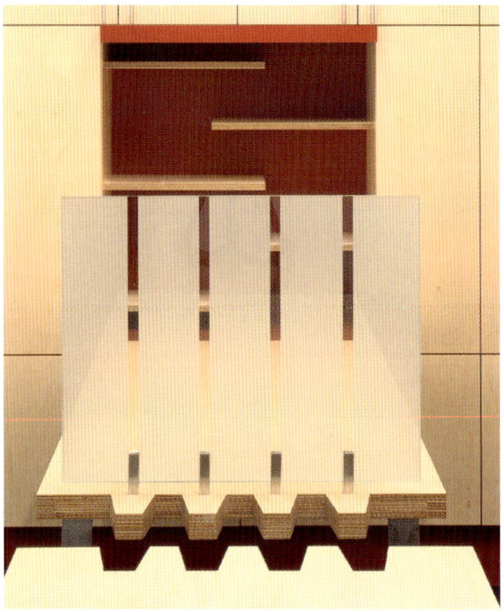

Rathausplatz
St. Pölten, Österreich, 1994–96

Town Hall Square
St. Pölten, Austria, 1994–96

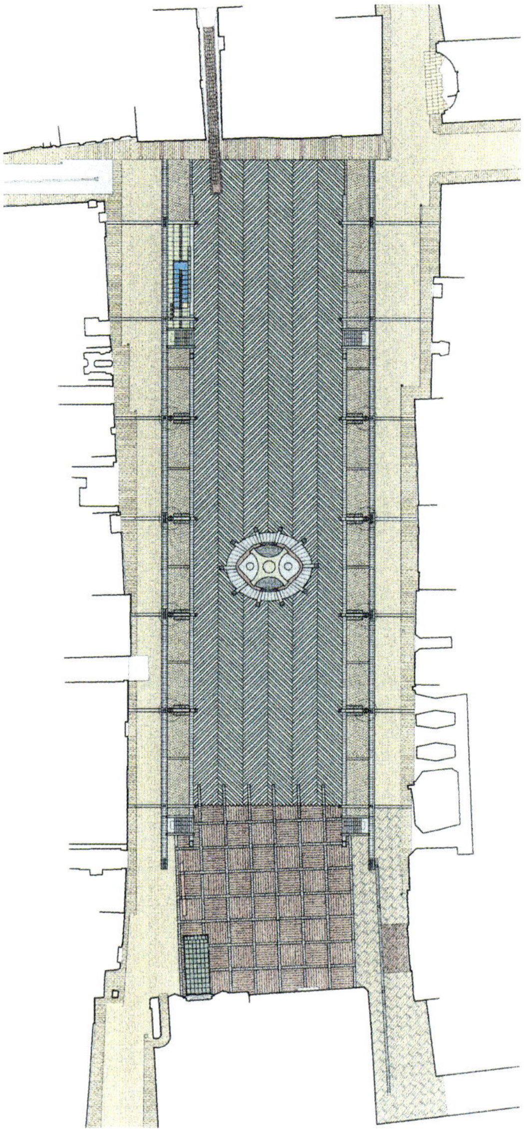

CHINA
Verborgene Schätze

Hauptplatz
Leoben, Österreich, 1995–97

Central square
Leoben, Austria, 1995–97

Kaufhaus
Leoben, Österreich, 2000

Department store
Leoben, Austria, 2000

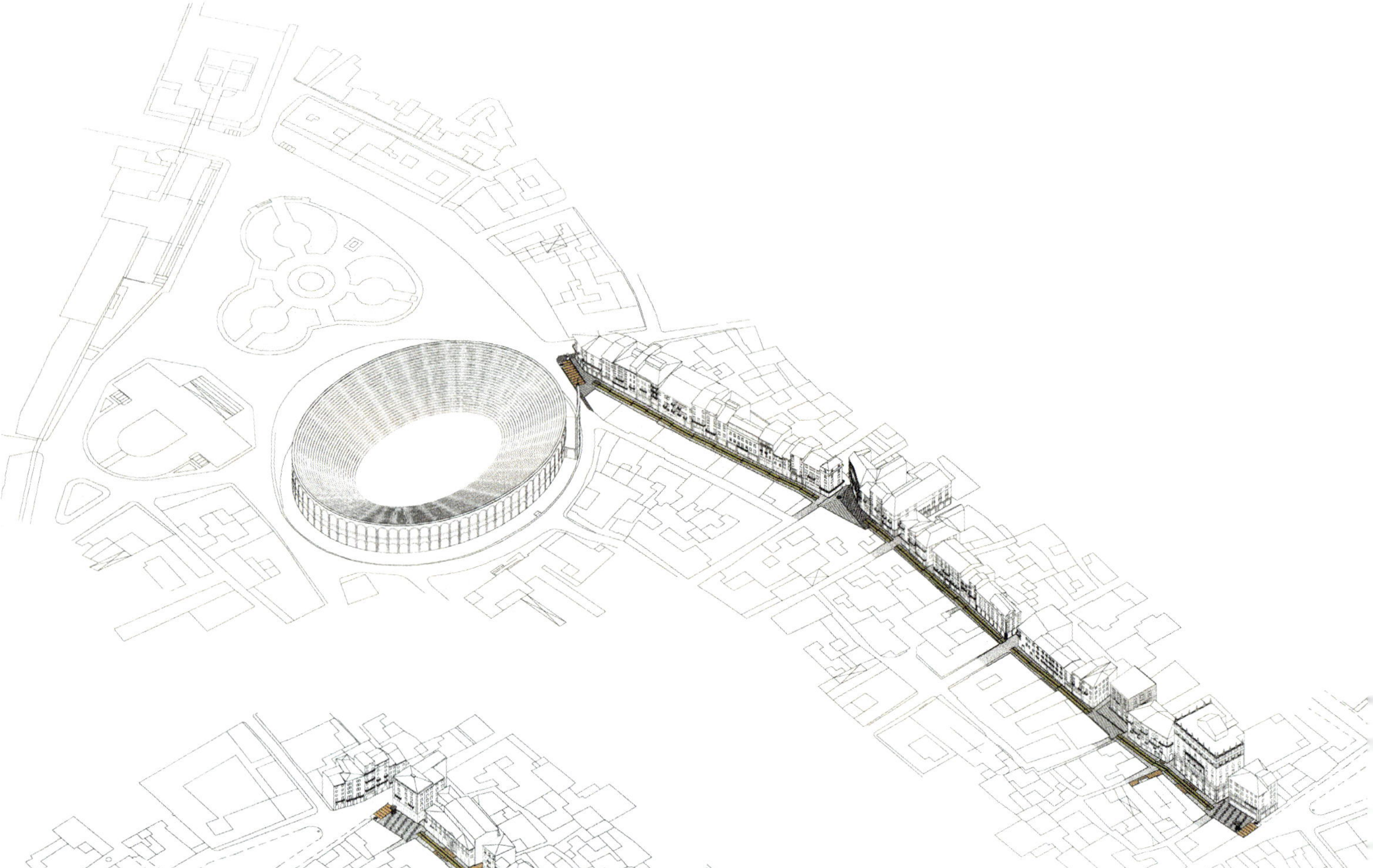

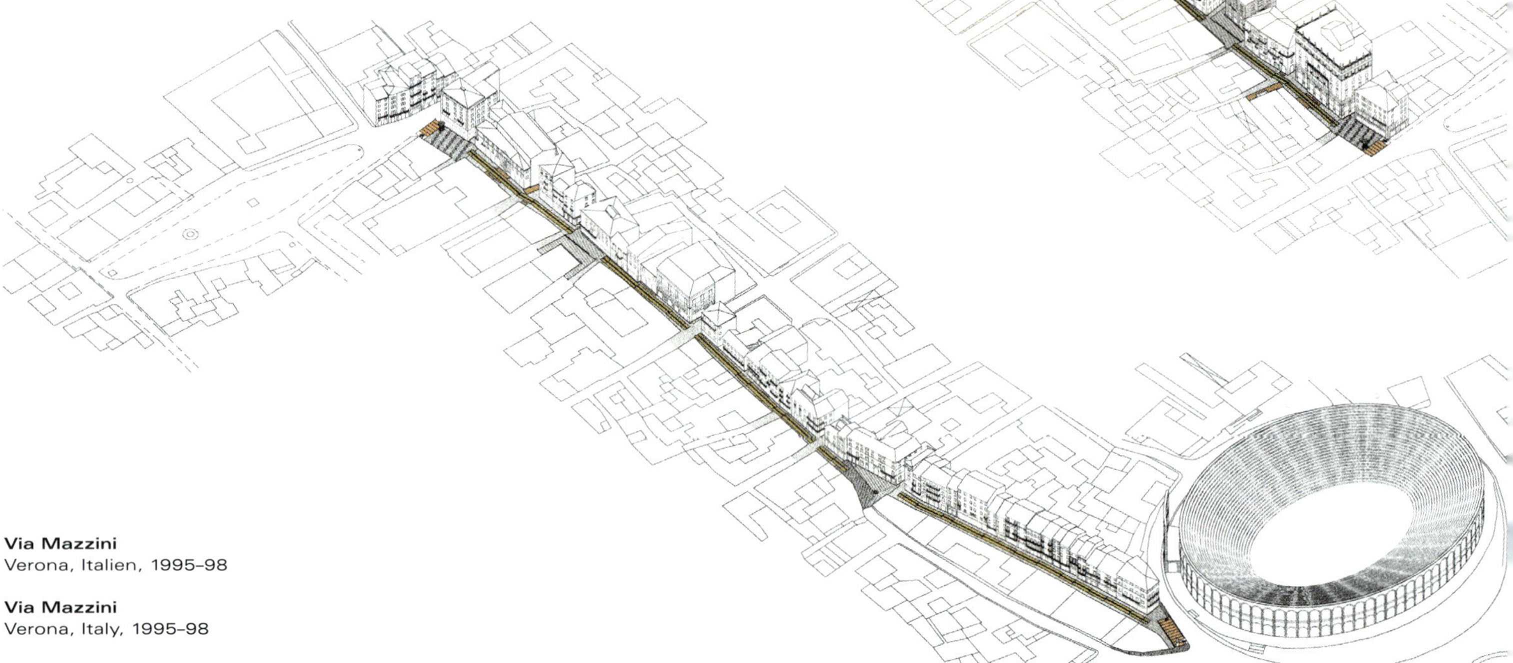

Via Mazzini
Verona, Italien, 1995–98

Via Mazzini
Verona, Italy, 1995–98

Hauptplatz
Umbau und Zubau Universität
Maribor, Slowenien, 1994–2000
mit M. Lavrenčič

Central square
conversion and annex University
Maribor, Slovenia, 1994–2000
with M. Lavrenčič

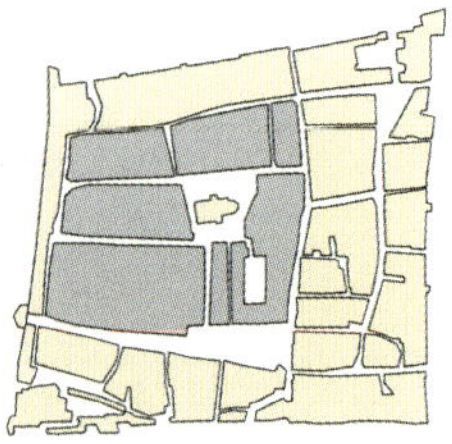
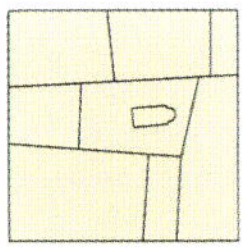
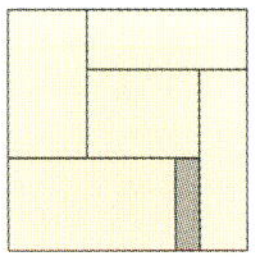

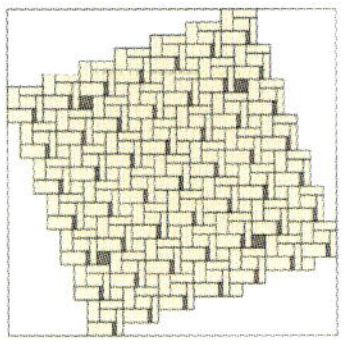

UNIVERZA V

Umbau Österreichisches Kulturinstitut
Prag, Tschechien, 1995–97

Conversion Austrian Cultural Institute
Prague, Czech Republic, 1995–97

Um- und Zubau
Schloß Štakorovec, Kroatien, 1995–98

Conversion and annex
Castle Štakorovec, Croatia, 1995–98

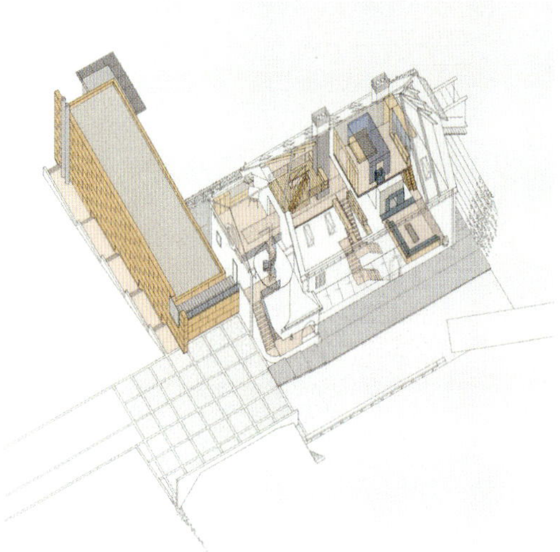

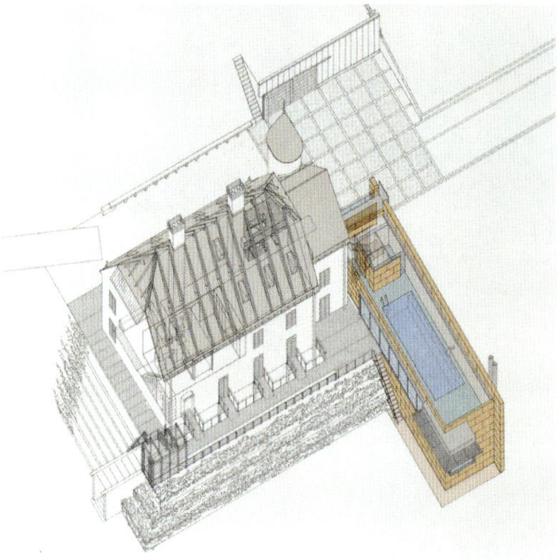

Umbau Ausstellungszentrum im Ringturm
Wiener Städtische Versicherung
Wien, Österreich, 1995–97

Conversion exhibition hall, Ringturm
Wiener Städtische Insurance Company
Vienna, Austria, 1995–97

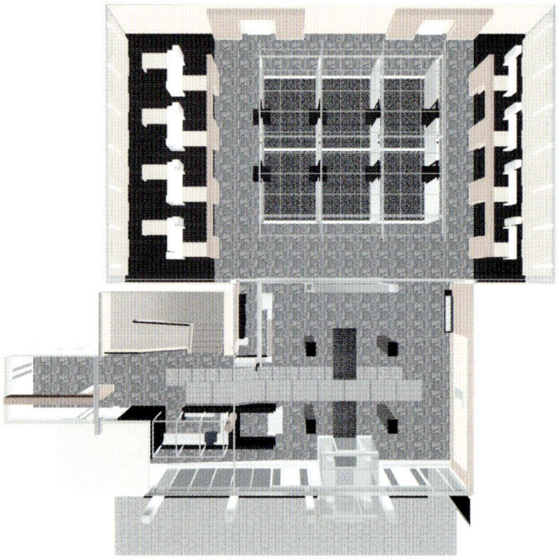

Umbau Donau Versicherung
Wassersäule an der Ringstraße
Wien, Österreich, 1996–98

Conversion Donau Insurance Company
Column of Water on the Ringstrasse
Vienna, Austria, 1996–98

Büro und Geschäftshaus
Tor zum Landhaus
St. Pölten, Österreich, 1993–98

Office building
"Tor zum Landhaus"
St. Pölten, Austria, 1993–98

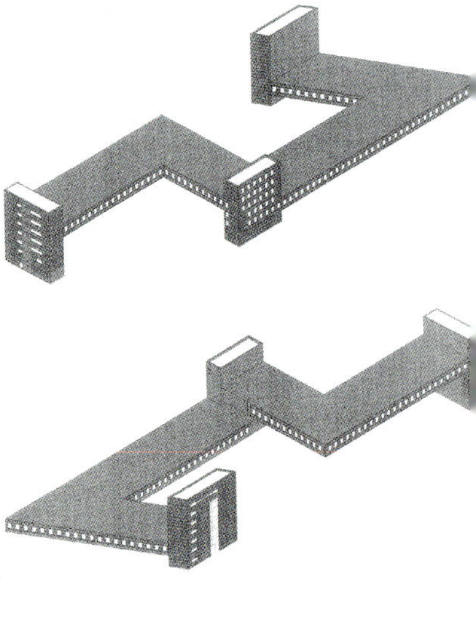

E

Millennium Tower, Zentrum Handelskai
Wien, Österreich, 1995–99
mit G. Peichl & R.F. Weber

Millennium Tower, Handelskai Center
Vienna, Austria, 1995–99
with G. Peichl & R.F. Weber

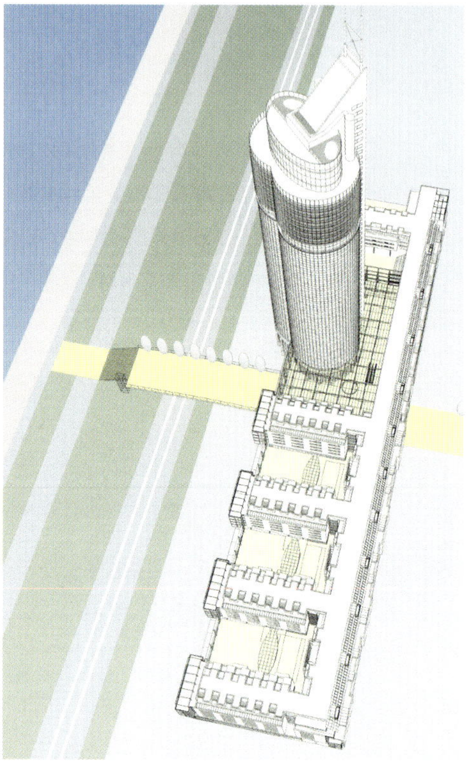

... Podreccas Architekturbegriff ist ein mediterraner, dem Leben (was immer das sei) zugewandter, ein sinnlicher, der sich aus unterschiedlichen kulturellen Ebenen und Traditionen strukturiert. Seine Begriffskonstruktion Archikultur ist keine Attitüde, obwohl dies manchem monokulturellen Wächter so erscheinen mag. Podrecca fehlt jeder Sinn für grundsätzliche, prinzipielle, totale, moralistische, puristische oder gar orthodoxe Positionen, sie sind ihm unverständlich, ich vermute sogar widerlich. Daß sie gerade heute wieder in seinem Geburtsland besonders blutig urgiert werden, zeigt, wie zerbrechlich das multi- oder interkulturelle Konstrukt geblieben ist...

... Ja selbst in Wien wurde seine Haltung lange nicht ernst genommen: Wien neigt trotz seiner langen Assimilationsgeschichte zu sektiererischen Gruppierungen, die alle den Anspruch auf Ausschließlichkeit erheben. Und ausschließlich war Boris Podreccas Denken nie...
... In Zusammenhang mit den zahllosen Umbauten von Boris Podrecca findet man den Hinweis, daß es ihm weniger auf die Einzellösung ankäme, eher auf die Entwicklung einer Grammatik oder zumindest einer verbindlichen Methodik. Diese kann einerseits in der Systematik der Entwicklung von Fragen (etwa in Geschichten verpackt), andererseits in einer Art Rasterfahndung nach Sinnpartikeln liegen, die zu einem überraschenden Konstrukt oder, komprimiert, zu einer ebenso überraschenden Lösung führen...

Friedrich Achleitner

... Podrecca's architectural idea is Mediterranean. Oriented towards life (whatever this may be), it is sensual and structured by the most varying cultural levels and traditions. His construction of the term archiculture is not an attitude; although some mono-cultural guardians may perceive it as such. Podrecca has no sense for basic, fundamental, total, moralistic, purist, or even orthodox positions. He cannot understand them and I suspect that he truly despises them. The fact that they have been reclaimed in a particularly bloody way in the country of his birth shows the fragility of the multi- or intercultural construct...

... Even in Vienna his attitude was for a long time not taken seriously. Despite its long history of assimilation, Vienna tends towards sectarian formations, all of which claim to be exclusive. Boris Podrecca's thinking has never been exclusive...
... In connection with the numerous conversions of Boris Podrecca, one can gather that he does not care as much about the single solution; he rather cares for the development of a grammar or, at the very least, a compulsory method. On the one hand, this can be found in the systematics of the development of questions (e.g., wrapped into stories), on the other, in a kind of computer-aided search for meaningful bits and pieces leading to a surprising construct or, in a compressed form, a just as surprising solution...

Friedrich Achleitner

aus | from:
Wie entwirft man einen Architekten? Friedrich Achleitner in der Einleitung zur Monografie in: W. Zschokke, *Boris Podrecca – Architekt.* Birkhäuser Verlag, Basel 1996

Wohnbau Judeca Nova, Giudecca
Venedig, Italien, 1995–2003

Housing, Judeca Nova, Giudecca
Venice, Italy, 1995–2003

Villa Himmer
Maria Enzersdorf, Österreich, 1997–2002

Villa Himmer
Maria Enzersdorf, Austria, 1997–2002

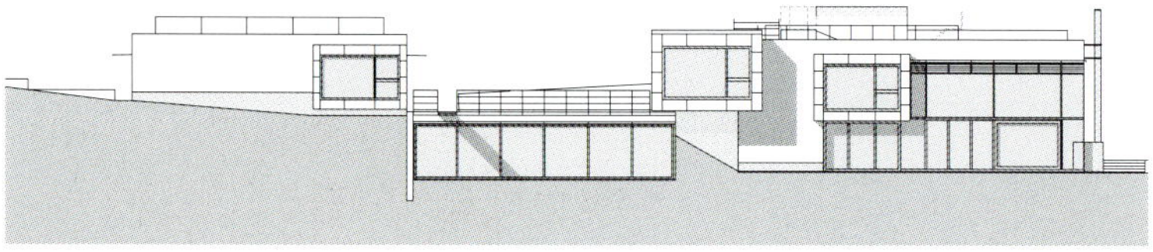

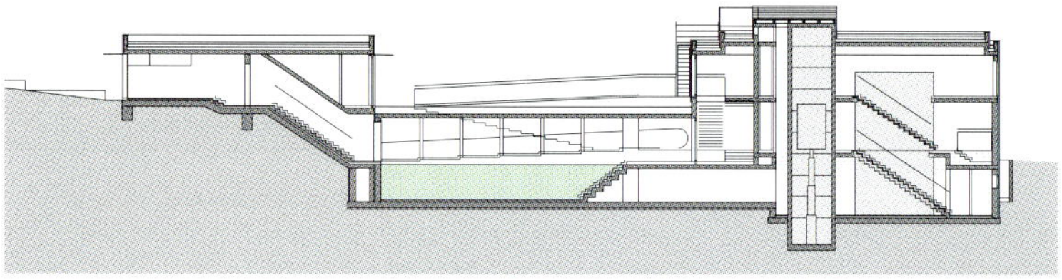

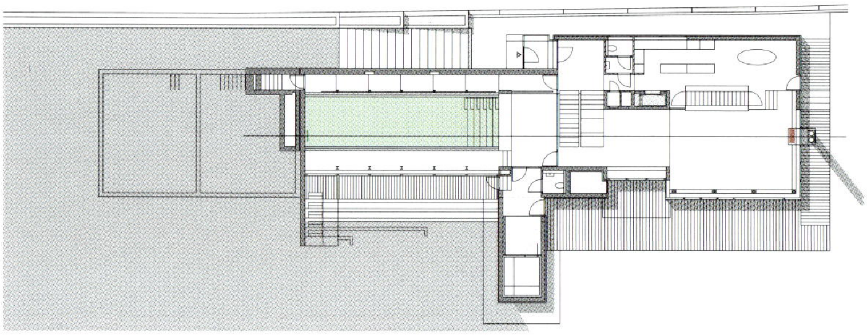

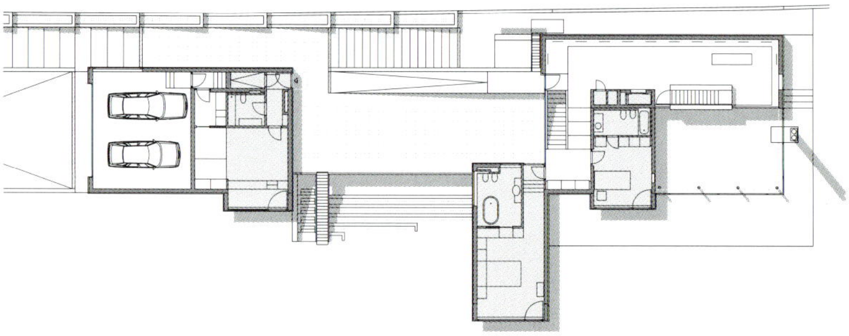

Wohnbau In der Wiesen Nord
Wien, Österreich, 1996–2000

Social housing, In der Wiesen Nord
Vienna, Austria, 1996–2000

Ausstellung *Mastering the City*, 100 Jahre Europäischer Stadtbau
Nederlands Architectuurinstituut NAI
Rotterdam, Niederlande, 1997/98

Exhibition "Mastering the City", 100 years of urban planning in Europe
Nederlands Architectuurinstituut NAI
Rotterdam, Netherlands, 1997/98

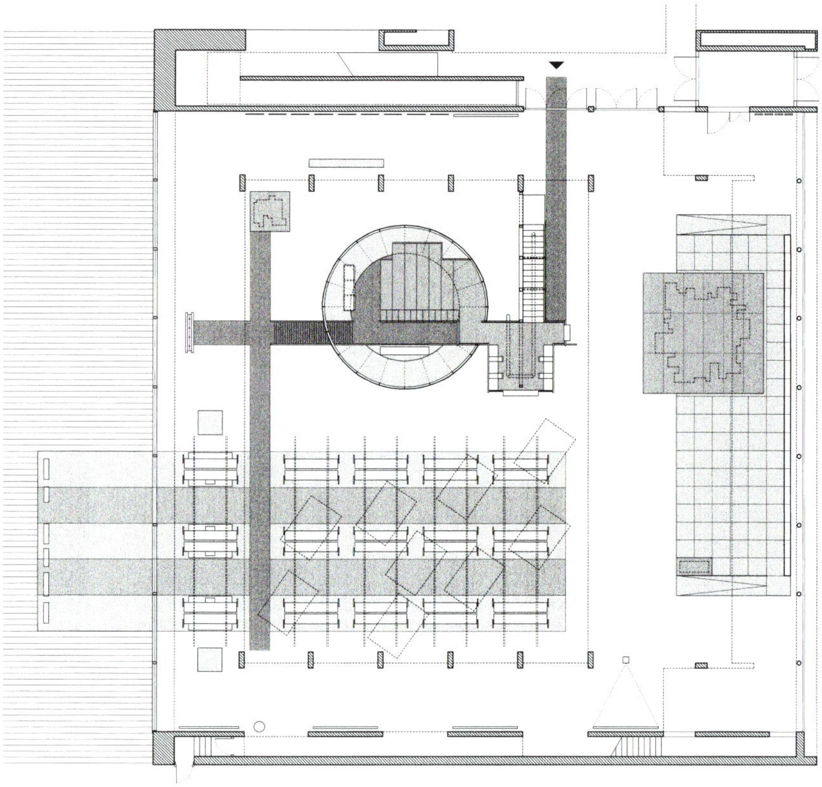

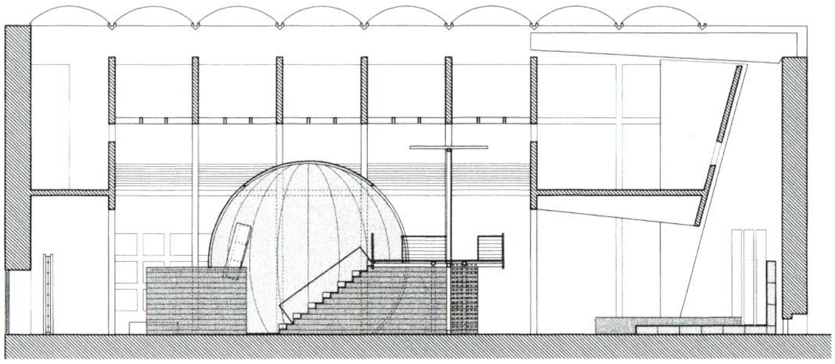

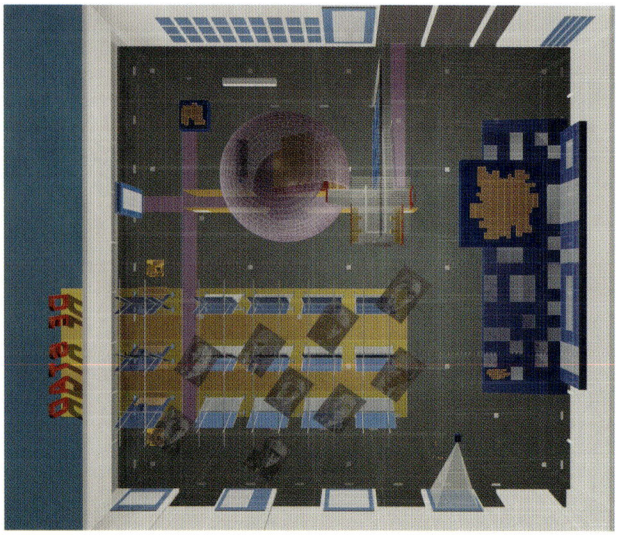

Make no little plans

Weingut Novi Brič
an der Grenze Slowenien / Kroatien / Italien, 1998–2002
mit M. Lavrenčič

Winery Novi Brič
on the border Slovenia / Croatia / Italy, 1998–2002
with M. Lavrenčič

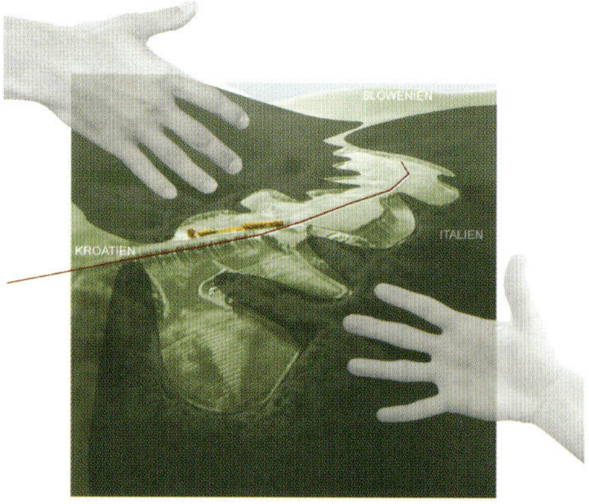

VINSKA KLET BRIČ

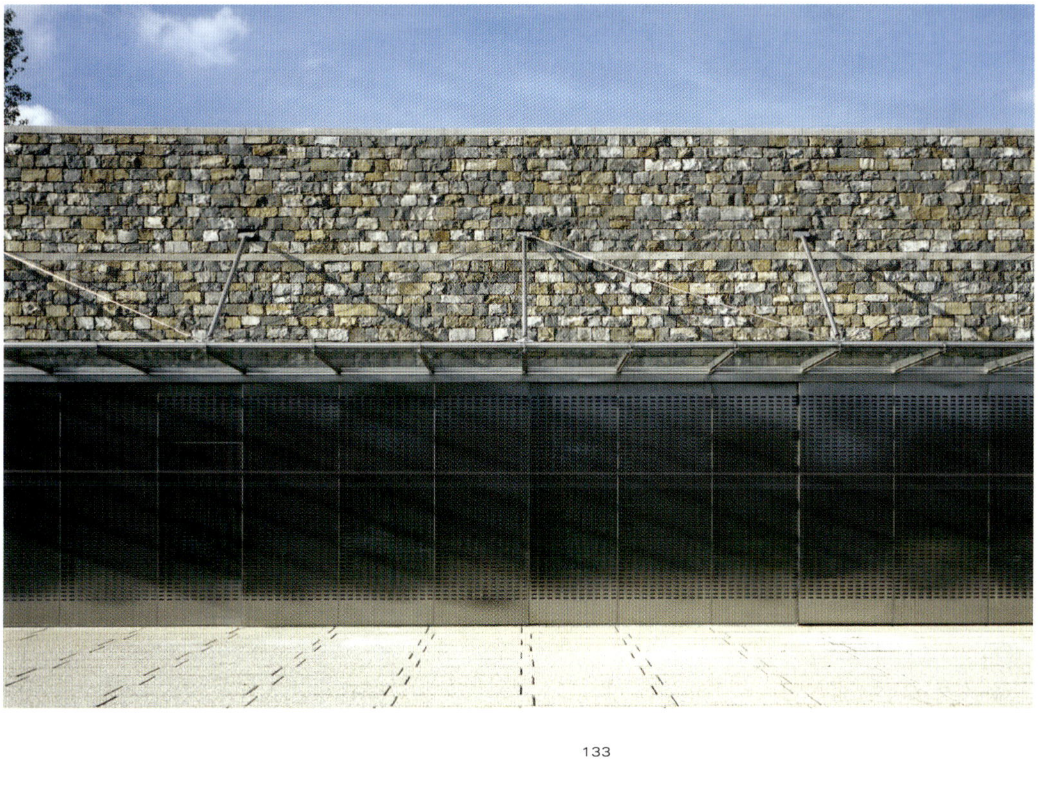

Mestni Trg
Idrija, Slowenien, 1998–2005
mit M. Lavrenčič

Mestni Trg
Idrija, Slovenia, 1998–2005
with M. Lavrenčič

... Für Podrecca weist Architektur immer eine unterschiedliche ethnographische Dimension aus. Das wiederum ist für ihn gleichbedeutend mit Geschichtlichkeit. Es ist unschwer einzusehen, dass, wer auf Klänge und Gefühle der Steine eingeht, dafür, für Urbanität, bestens vorbereitet ist. Boris Podrecca ist ein hörender und ein fühlender Architekt. In einer Zeit, in der Empfindsamkeit weniger gefragt ist als Härte und Rekordsucht, wirkt das wohltuend. Vielleicht lässt sich aber gerade daran ein Stück Mittelmeer – und überhaupt Mitte – erkennen. Jedenfalls ist es dies, was ihn auszeichnet und was seine Architektur an so vielen Stellen urban und vertraut macht.

Werner Oechslin

... For Podrecca architecture always has a varying ethnographic dimension. This is synonymous with dexterity for him. It isn't difficult to see that a person who has regard for the tones and feelings of stones is very well prepared to be urbane. Boris Podrecca is an architect who hears and feels. This is comforting in a time in which there is less demand for sensitivity than for toughness and an obsession with records. But it may be the Mediterranean or the "middle" as such, we recognize here. It is what makes him special and what makes his architecture so urbane and familiar, whether at home in Trieste or in Piran or anywhere else.

Werner Oechslin

aus | from:
M. Boeckl, *Boris Podrecca, Offene Räume – Public Spaces*, Springer Verlag Wien 2003

Strossmayer Park
Split, Kroatien, 1998–2002

Strossmayer Park
Split, Croatia, 1998–2002

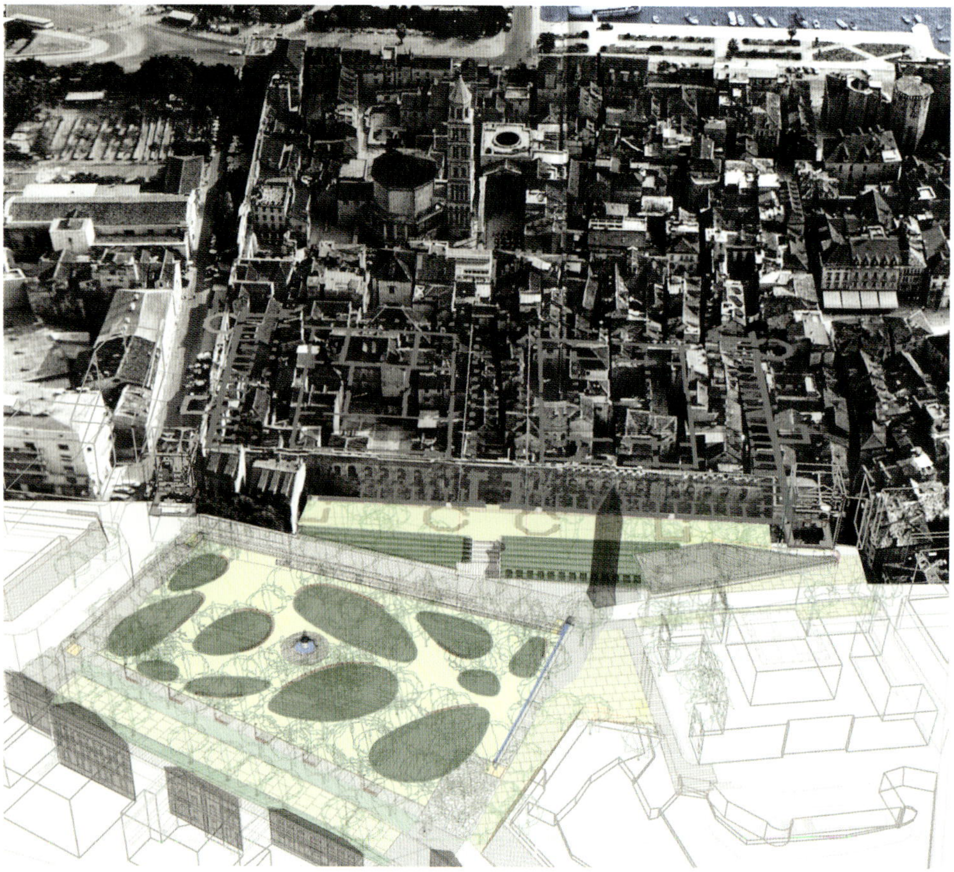

Motta di Livenza
Italien, 2001/02
mit M. Zordan, A. Vesentini

Motta di Livenza
Italy, 2001/02
with M. Zordan, A. Vesentini

CALZATUR

Marktplatz
Ottensheim, Österreich, 2000–02
mit A. Böker, G. Eiböck

Marktplatz
Ottensheim, Austria, 2000–02
with A. Böker, G. Eiböck

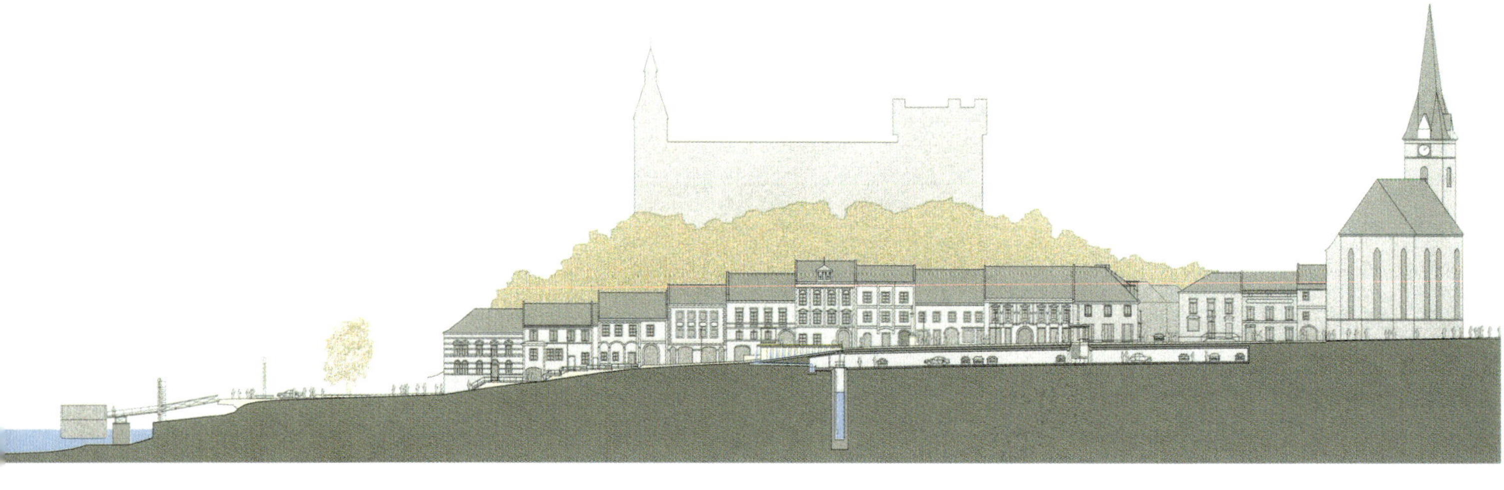

ADLER

Hotel und Konferenzzentrum Mons
Ljubljana, Slowenien, 2000–04

Hotel and Conference Center Mons
Ljubljana, Slovenia, 2000–04

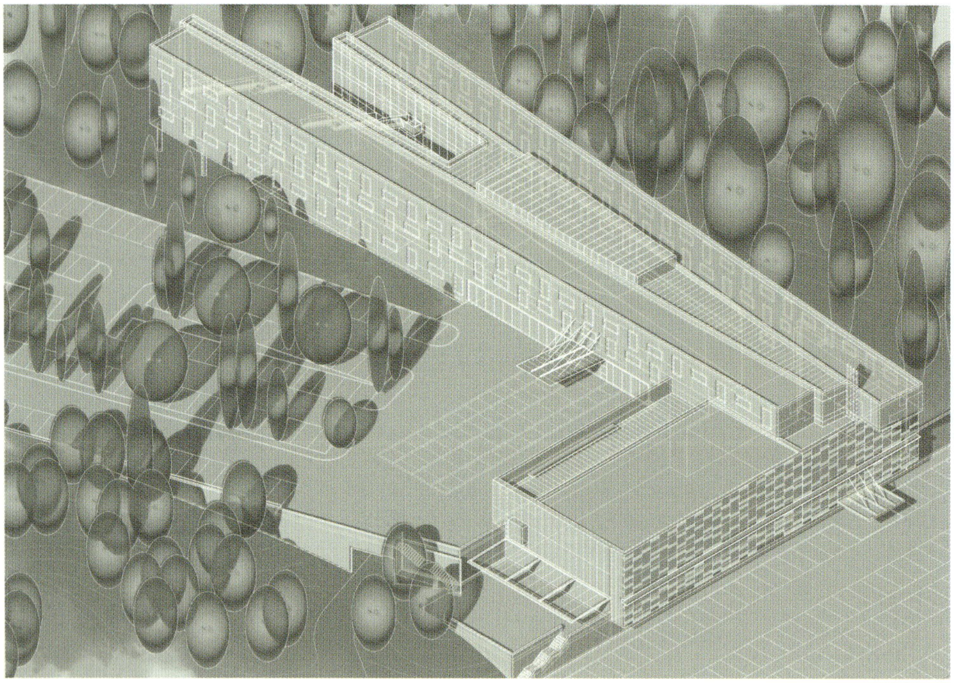

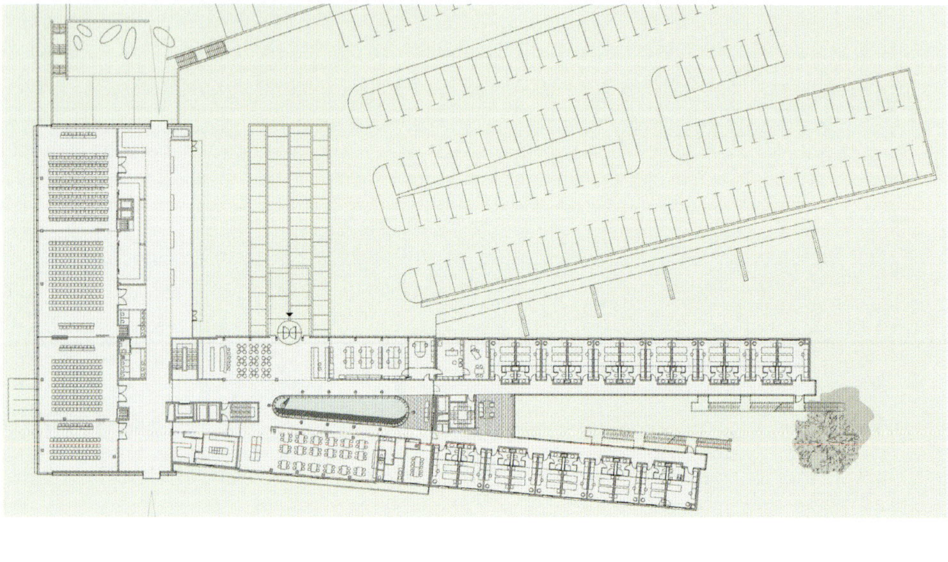

Ville urbane
Ljubljana, Slowenien, 2004–
Wettbewerb, 1. Preis

Ville urbane
Ljubljana, Slovenia, 2004–
competition, 1st prize

Vienna Bio Center 2
Wien, Österreich, 2001–03

Vienna Bio Center 2
Vienna, Austria, 2001–03

VIENNA BIO CENTER
CAMPUS VIENNA BIO CENTER 2

Vienna Bio Center 1
IMBA – Institut für Molekulare Biotechnologie GmbH
GMI – Gregor-Mendel-Institut für Molekulare Pflanzenbiologie GmbH
Wien, Österreich, 2003–05

Vienna Bio Center 1
IMBA – Institute of Molecular Biotechnology GmbH
GMI – Gregor Mendel Institute of Molecular Plant Biology GmbH
Vienna, Austria, 2003–05

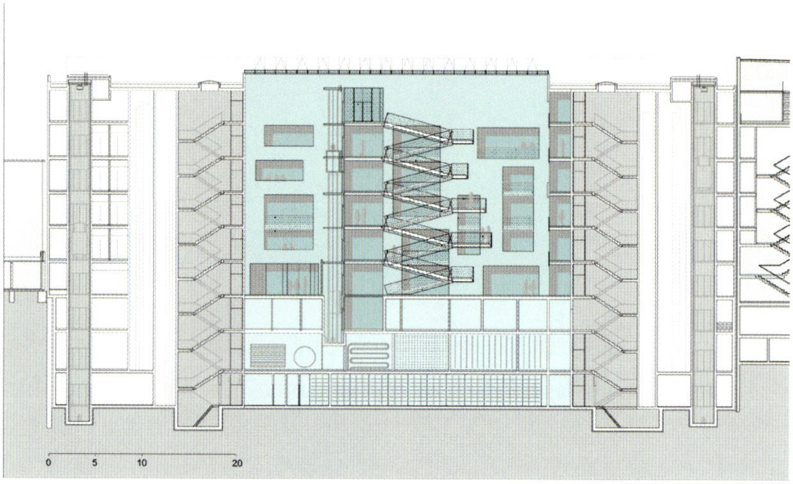

IMBA GMI

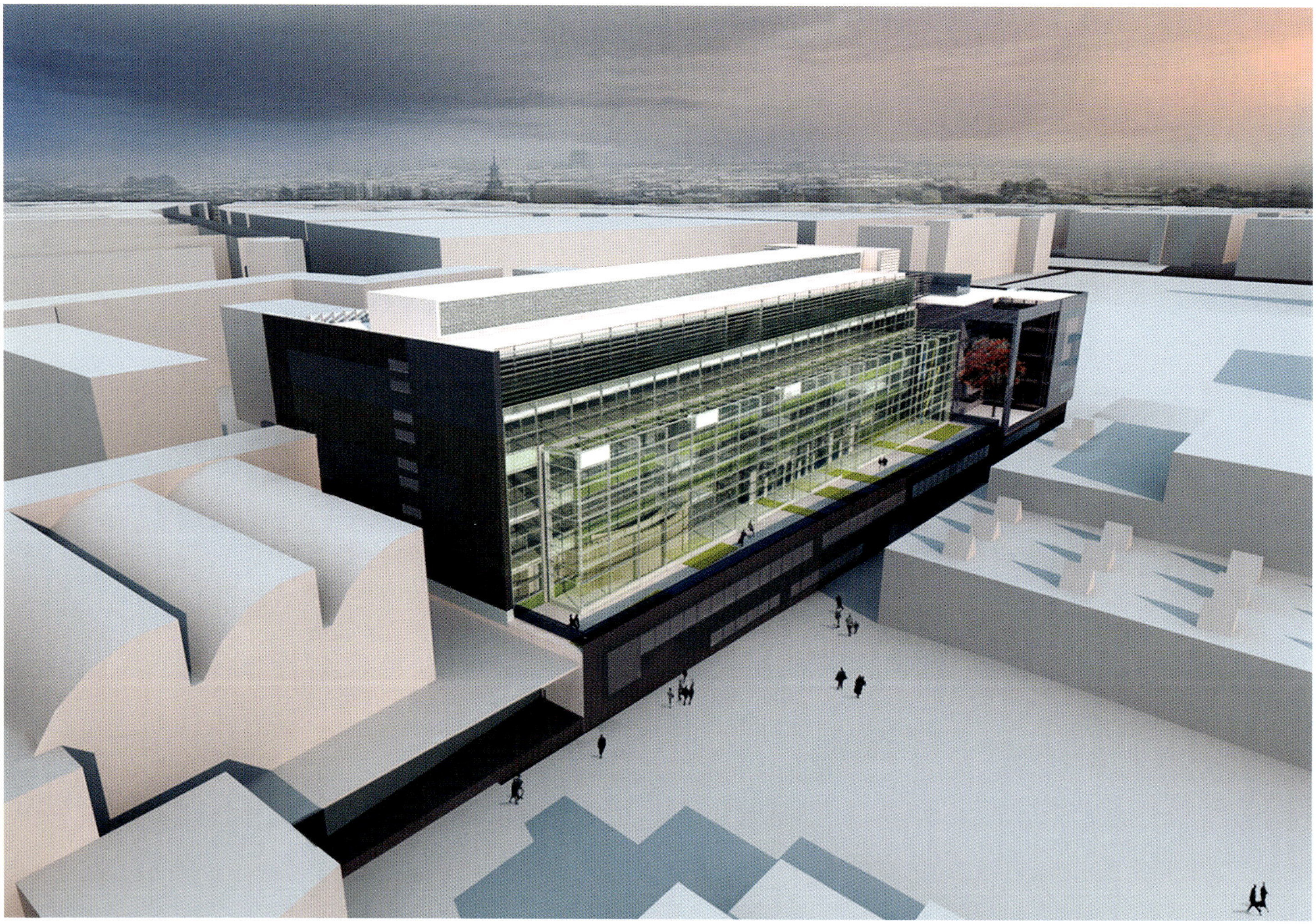

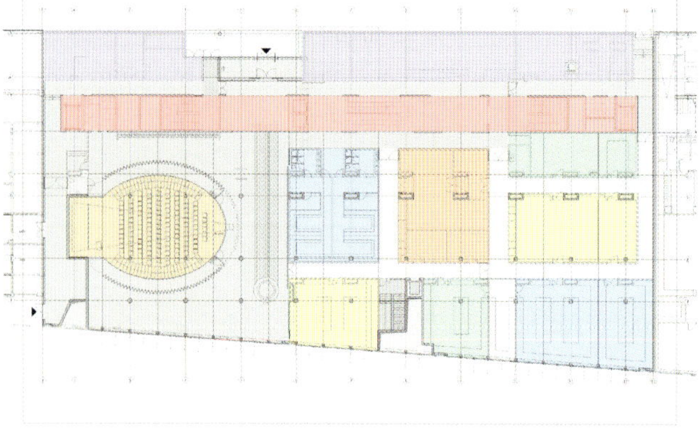

Musée National de la Porcelaine – Adrien Dubouché
Limoges, Frankreich, 2003–
Wettbewerb, 1. Preis
mit A. Tisserand, Z. Cazalas, C. Breton

Musée National de la Porcelaine – Adrien Dubouché
Limoges, France, 2003–
competition, 1st prize
with A. Tisserand, Z. Cazalas, C. Breton

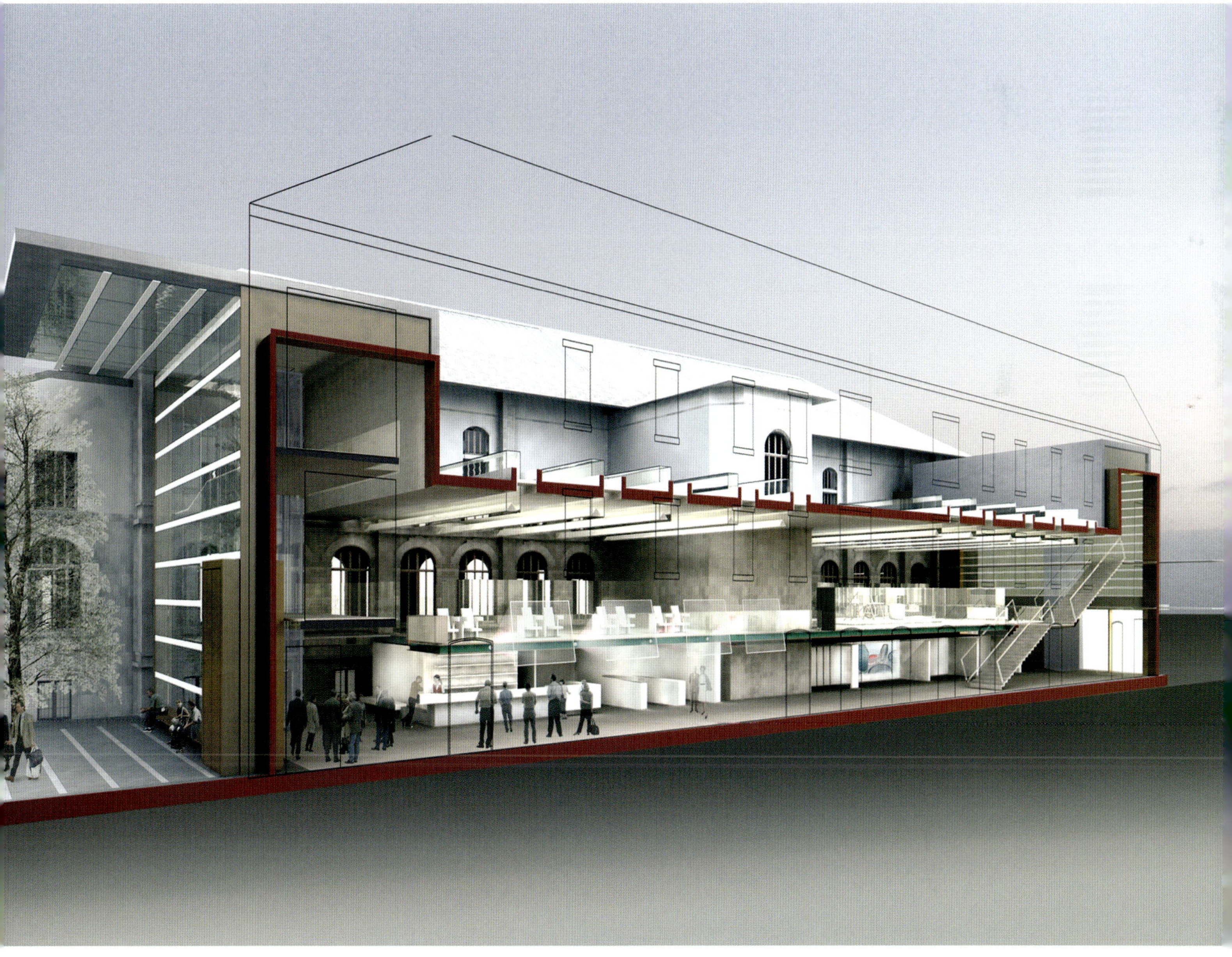

Donaupark Urfahr, Sanierung eines *Terrain Vague*
Linz, Österreich, 2003–
Wettbewerb, 1. Preis
Künstlerin Kathryn Miller, Los Angeles

Donaupark Urfahr, Renovation *Terrain Vague*
Linz, Austria, 2003–
competition, 1st prize
artist Kathryn Miller, Los Angeles

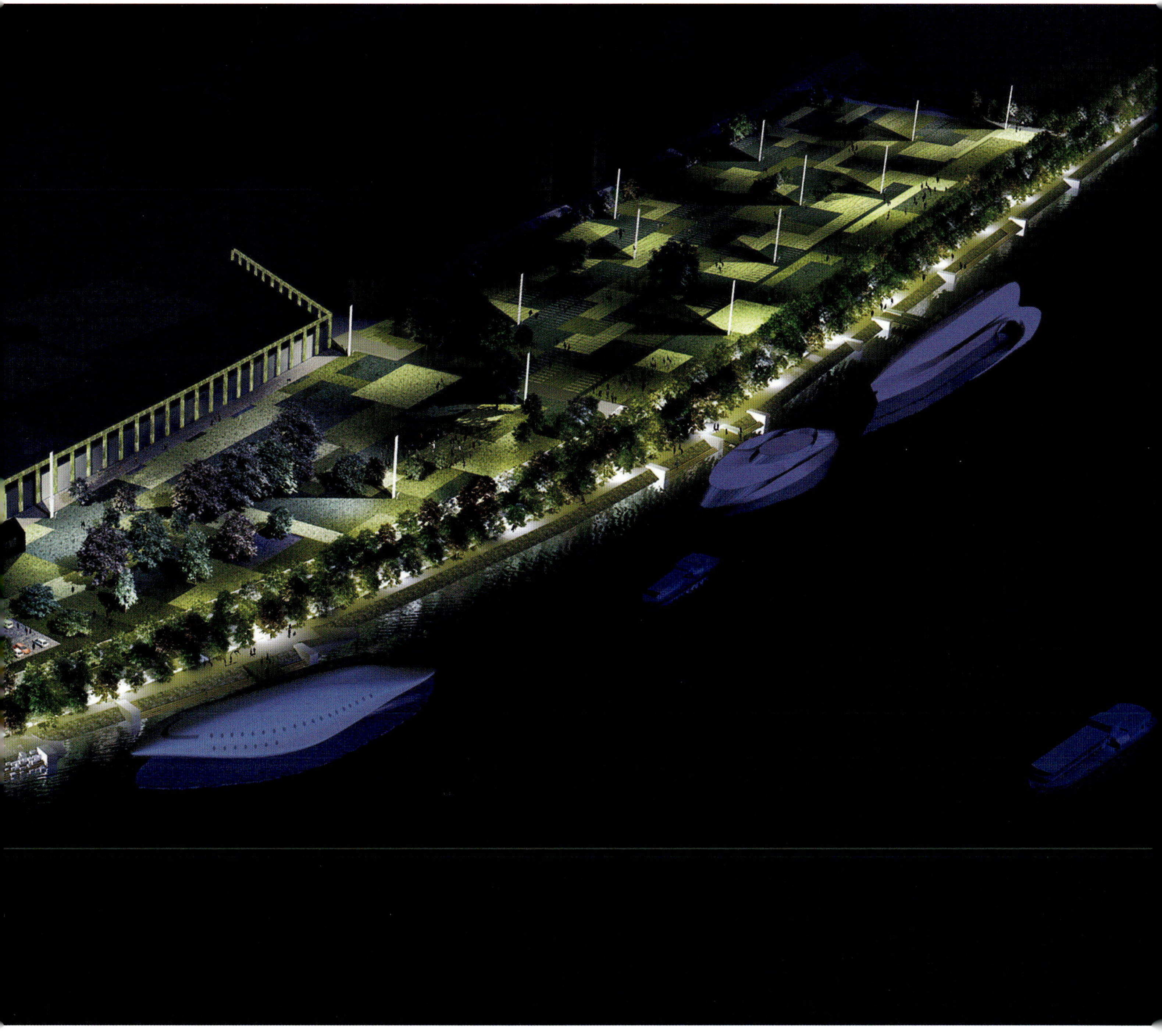

Gras | Grass

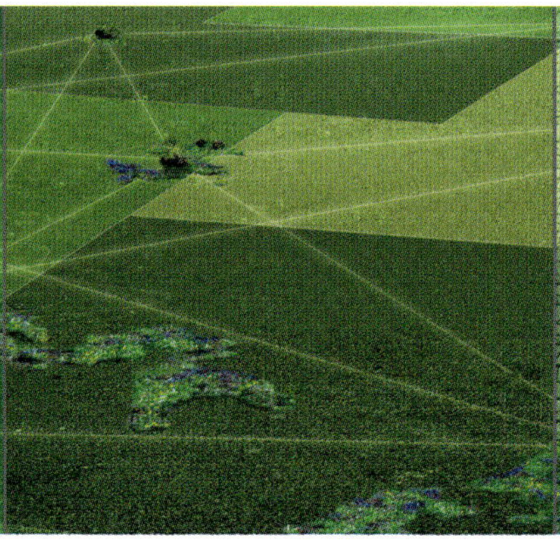
Geröll | Scree

Asphalt | Asphalt

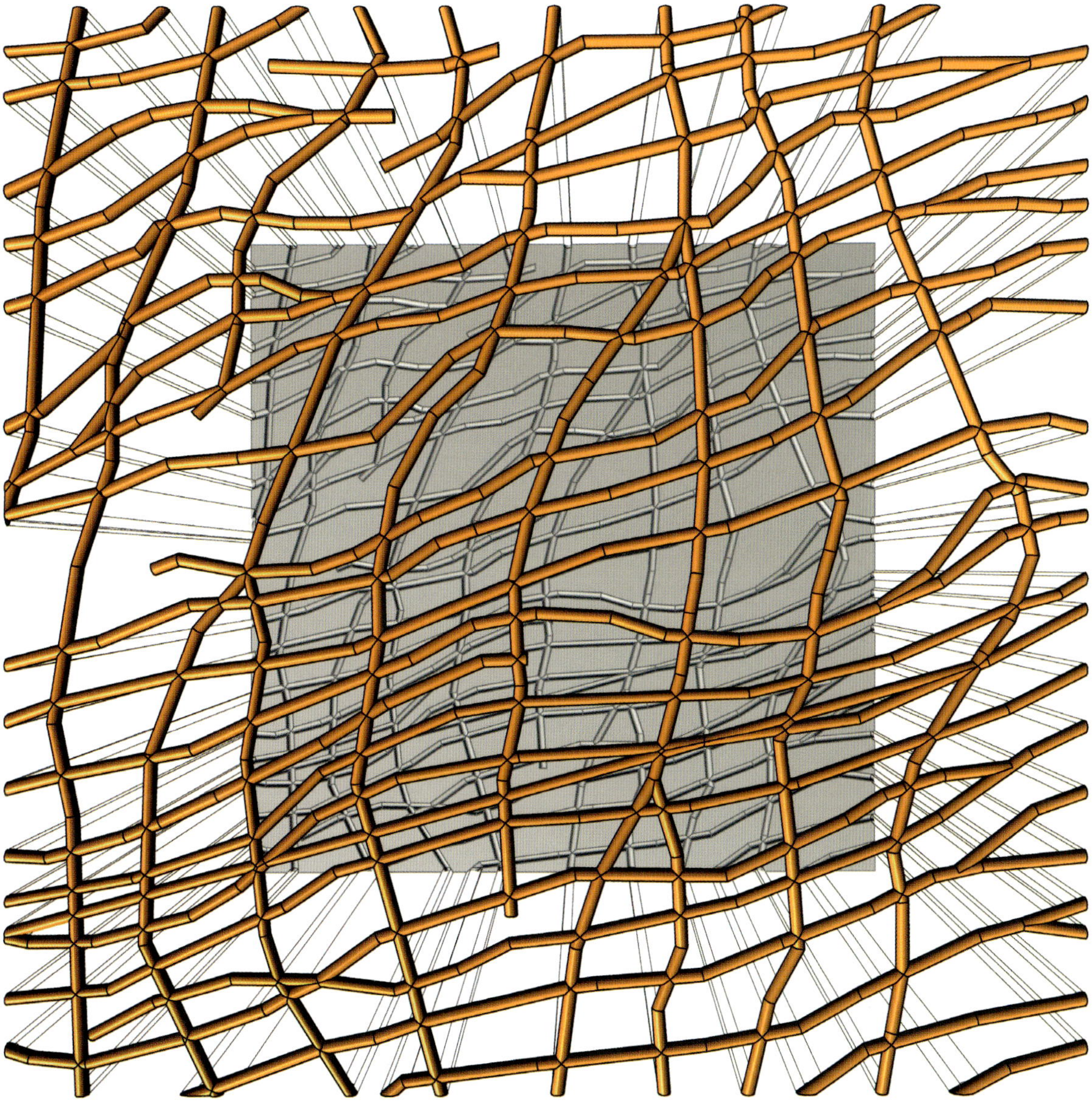

Kathryn Miller
Samenbomben | seed bombs

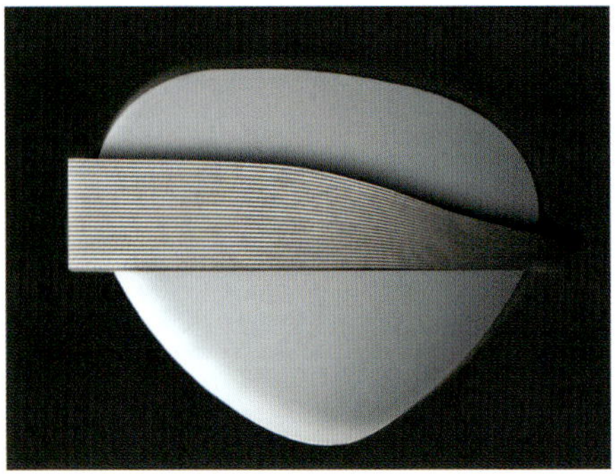

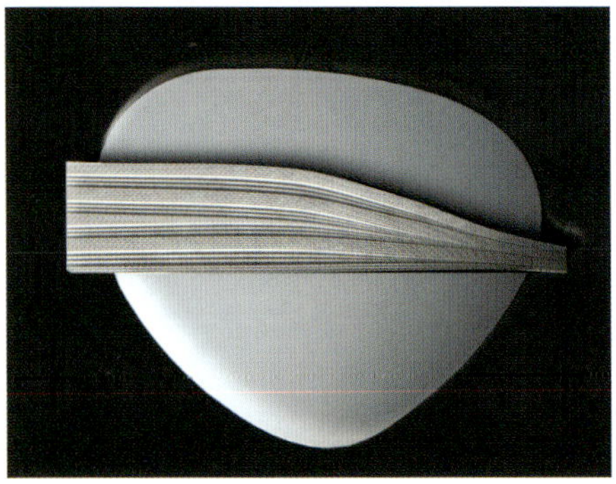

Praterstern, Bahnhof Wien Nord
Wien, Österreich, 2002–
mit B. Edelmüller
Wettbewerb mit W. Sobek, Tragwerksplaner

Praterstern, Wien Nord Station
Vienna, Austria, 2002–
with B. Edelmüller
competition with W. Sobek, structural engineer

WIEN NORD
PASSAGE

2
S3 STAMMERSDORF
14:41
U1

14:41
S3 STAMMERSDORF
2

Neubau Europäische Zentralbank
Frankfurt/Main, Deutschland, 2003
Wettbewerb

The new premises of the European Central Bank
Frankfurt/Main, Germany, 2003
competition

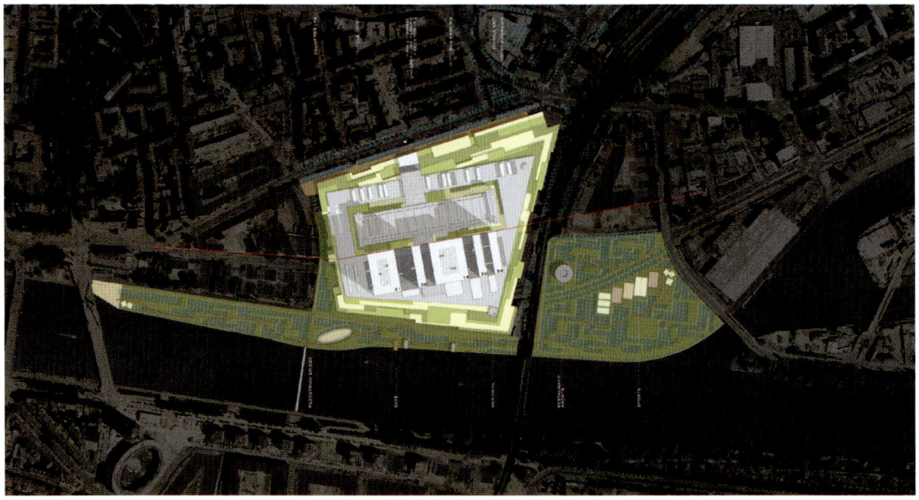

Hochhaus, Hotel und Bürocenter
Porta Susa
Turin, Italien, 2002
Wettbewerb
mit Turner & Towsend, Derossi,
Sobek, Kipar, Sala, Beyer

High-rise, hotel and office center
Porta Susa
Torino, Italy, 2002
competition
with Turner & Towsend, Derossi,
Sobek, Kipar, Sala, Beyer

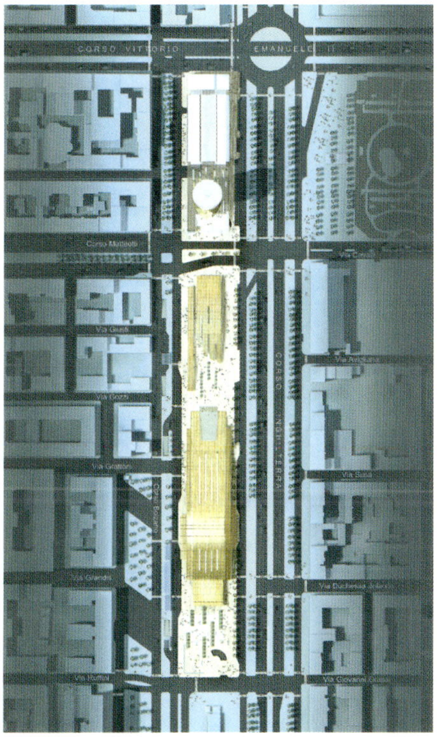

Piazza Unità
Triest, Italien, 1999

Piazza Unità
Trieste, Italy, 1999

Piazza Vittorio Veneto
Triest, Italien, 2003–04
mit M. Drabeni

Piazza Vittorio Veneto
Trieste, Italy, 2003–04
with M. Drabeni

Lungomare
mit Nautic-, Hotel- und Kongresszentrum
Triest, Italien, 2002
Wettbewerb, 1. Preis
mit Castelletti, Romegialli, Drabeni, Bazzaro

Lungomare
with nautic, hotel and congress center
Trieste, Italy, 2002
competition, 1st prize
with Castelletti, Romegialli, Drabeni, Bazzaro

Masterplan Campione del Garda
Italien, 2003–

Master plan Campione del Garda
Italy, 2003–

Regionalparlament
Mailand, Italien, 2003
Wettbewerb
mit Castelletti, Teco, Saini

State government building
Milan, Italy, 2003
competition
with Castelletti, Teco, Saini

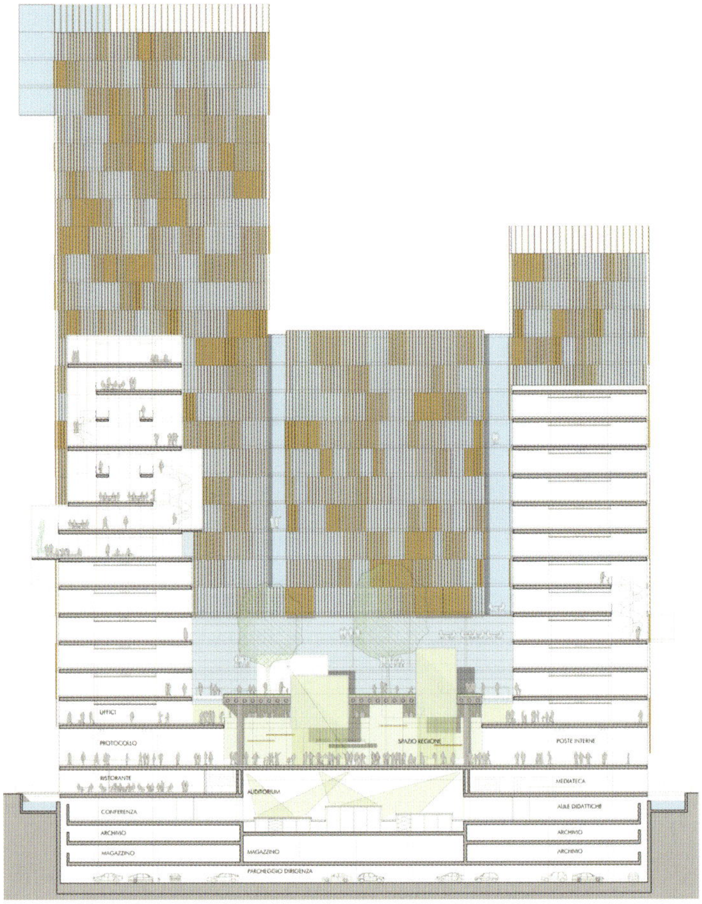

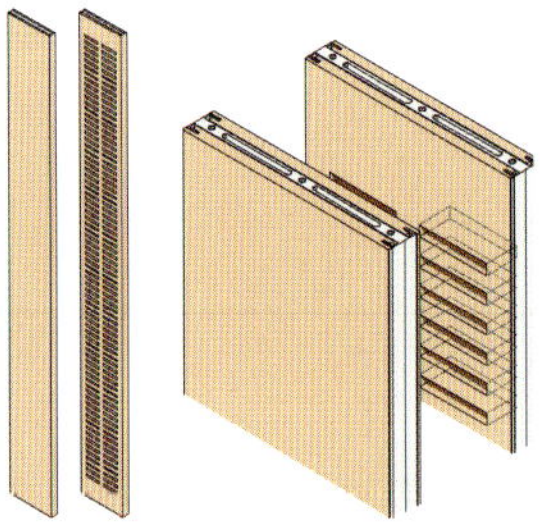

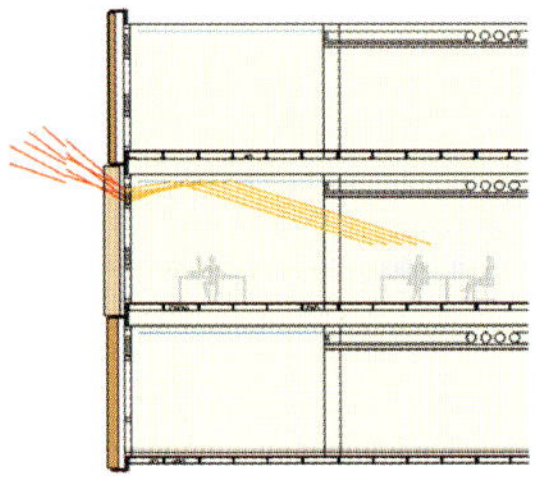

Bristol Center
Meran, Italien, 2005

Bristol Center
Meran, Italy, 2005

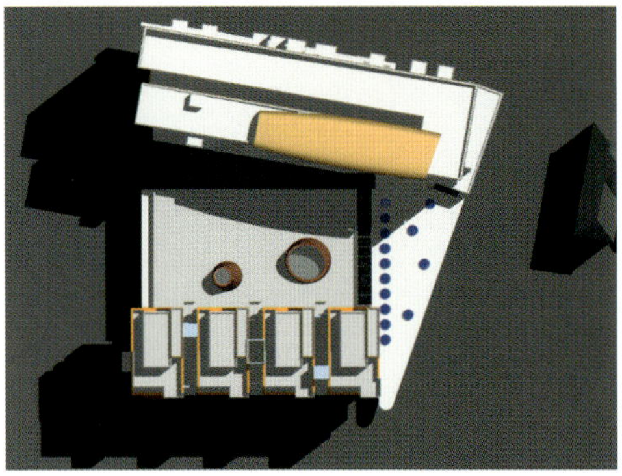

Zentrale Baukonzern Primorje
Ajdovščina, Slowenien, 2006–

Primorje Construction Company, headquarters
Ajdovščina, Slovenia, 2006–

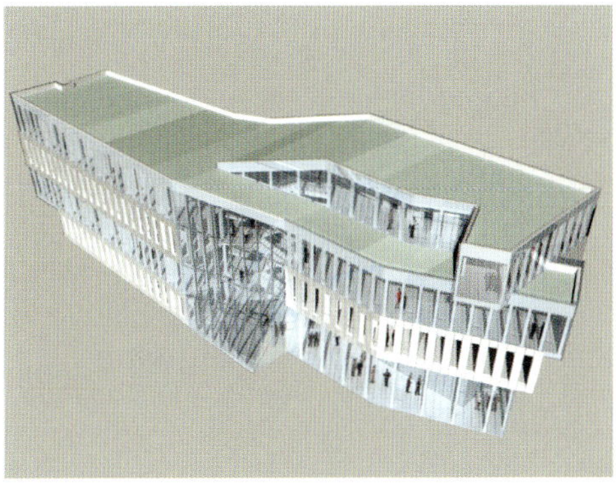

Hotel Untere Mühlen
Bamberg, Deutschland, 2005
Wettbewerb

Hotel Untere Mühlen
Bamberg, Germany, 2005
competition

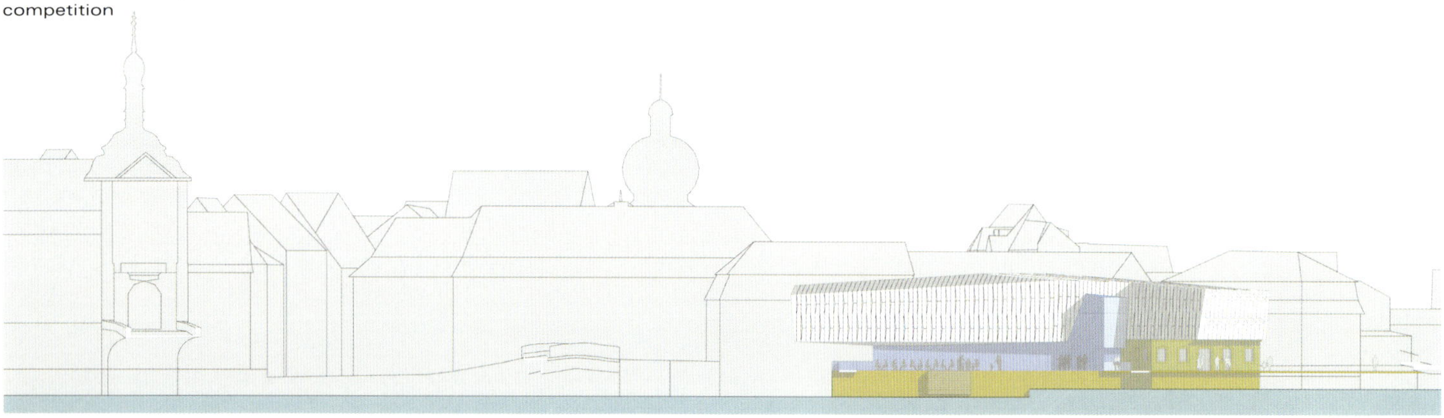

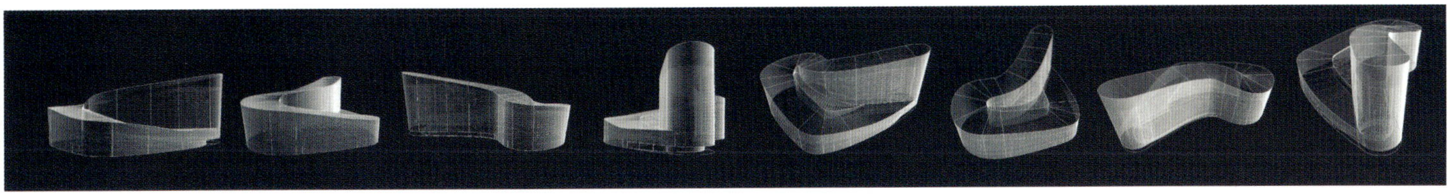

Skidome und Multi-Functional Center
Gaching/München, Deutschland, 2005

Skidome and Multi-Functional Center
Gaching/Munich, Germany, 2005

Sicht auf Allianz Arena
View of Allianz Arena

Das volle, daseinsbejahende Leben spricht aus seiner Architektur, denn bei Boris Podrecca quillt, sprießt und blüht das Wesen des Architektonischen aus jeder Raumfigur, jedem Bauteil und jeder gewollten Ritze. Begierig nimmt er Anregungen aus Gegebenheiten und Kulturverhalten der Menschen auf um sie umzusetzen in eine sinnlich expressive Architektur lebendiger Großformen, anregender Räume und mit Händen zu greifender Details. Auf mehreren Strukturebenen denkend, befasst er sich im gleichen Gedankengang mit der ganzen Stadt im Groß- wie im Kleinmaßstab. ...

... Dazu steht ein anthropomorphes Verständnis von Architektur als Gebilde aus bewegenden, dynamischen Muskeln, den auf Zug beanspruchten Sehnen und mit Druck belasteten Knochen. Aber ebenso bilden Bauch und Kopf, Körper und Glieder sowie die inneren Organe und die darin stattfindenden Prozesse bis hin zum Begehren und Lieben jene komplexen, niemals platten Metaphern, die Podreccas Architektur und Raumgestaltungen eine pralle, diesseitige Lebendigkeit verleihen.

Walter Zschokke

His architecture is bursting with full, positive life, because with Boris Podrecca the essence of architecture wells up, sprouts and blossoms from each spatial figure, each building element, each intended gap. He eagerly accepts suggestions coming from the human condition and man's cultural behaviour in order to turn them into sensual, expressive architecture of large living shapes, enticing spaces and palpable details. Thinking on several structural levels simultaneously, he deals with the whole city on a large as well as on a small scale, in one and the same line of thought. ...

... In addition, he has an anthropomorphic understanding of architecture as a structure made of moving, dynamic muscles, tendons that withstand pull and bones that bear pressure. But also belly and head, trunk and extremities as well as internal organs and the processes that take place within them, all the way to longing and loving, make up those complex and never trite metaphors which lend Podrecca's architecture and spatial designs full-bodied, worldly liveliness.

Walter Zschokke

aus | from:
Walter Zschokke, *Boris Podrecca, Works.*

Punta Skala Resort, Hotels, Apartments und Villen
Zadar, Kroatien, 2005–
Wettbewerb, 1. Preis

Punta Skala Resort, hotels, apartments and villas
Zadar, Croatia, 2005–
competition, 1st prize

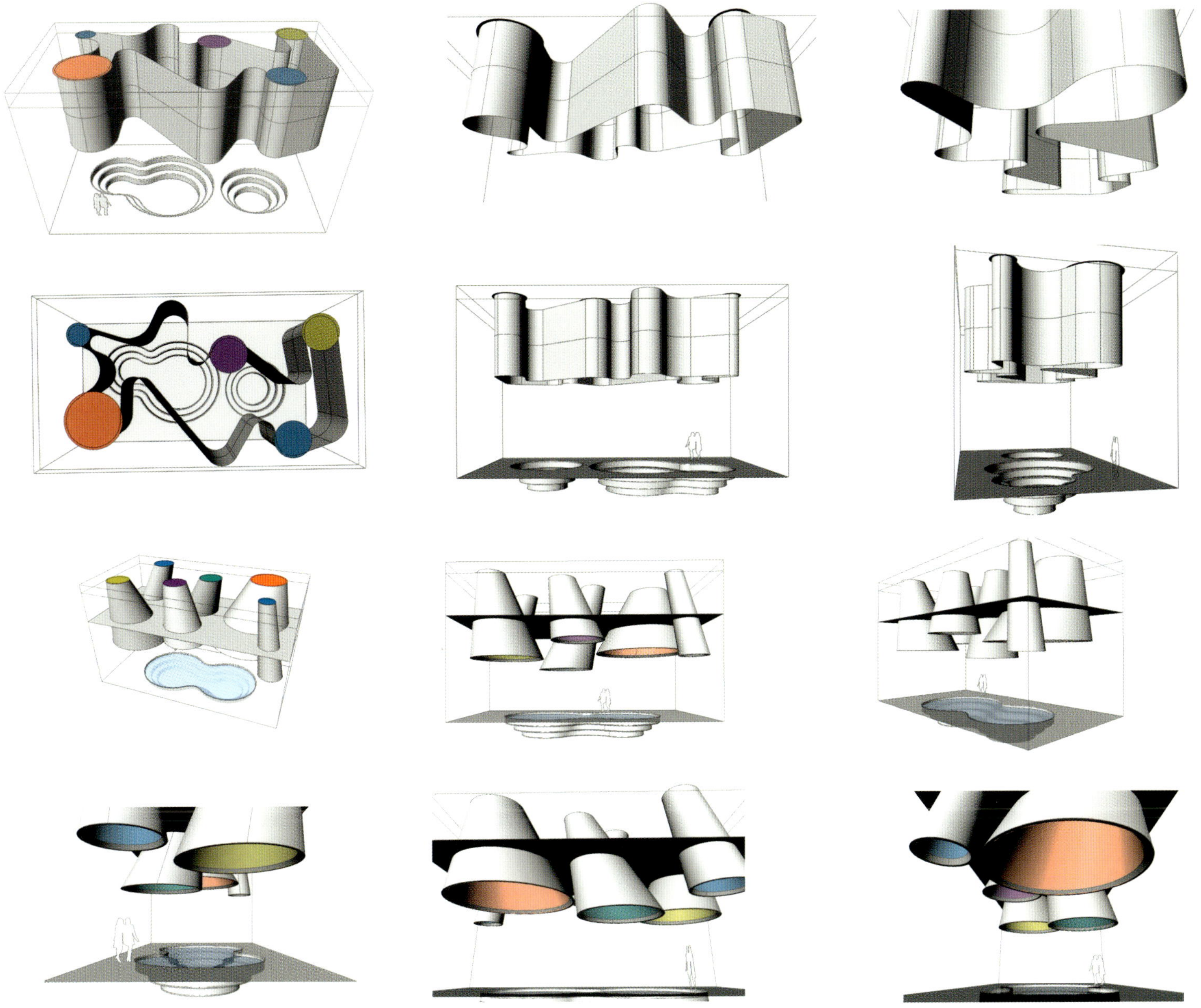

Museum für Wissenschaft und Technik
Belgrad, Serbien, 2007–

Museum of Science and Technology
Belgrade, Serbia, 2007–

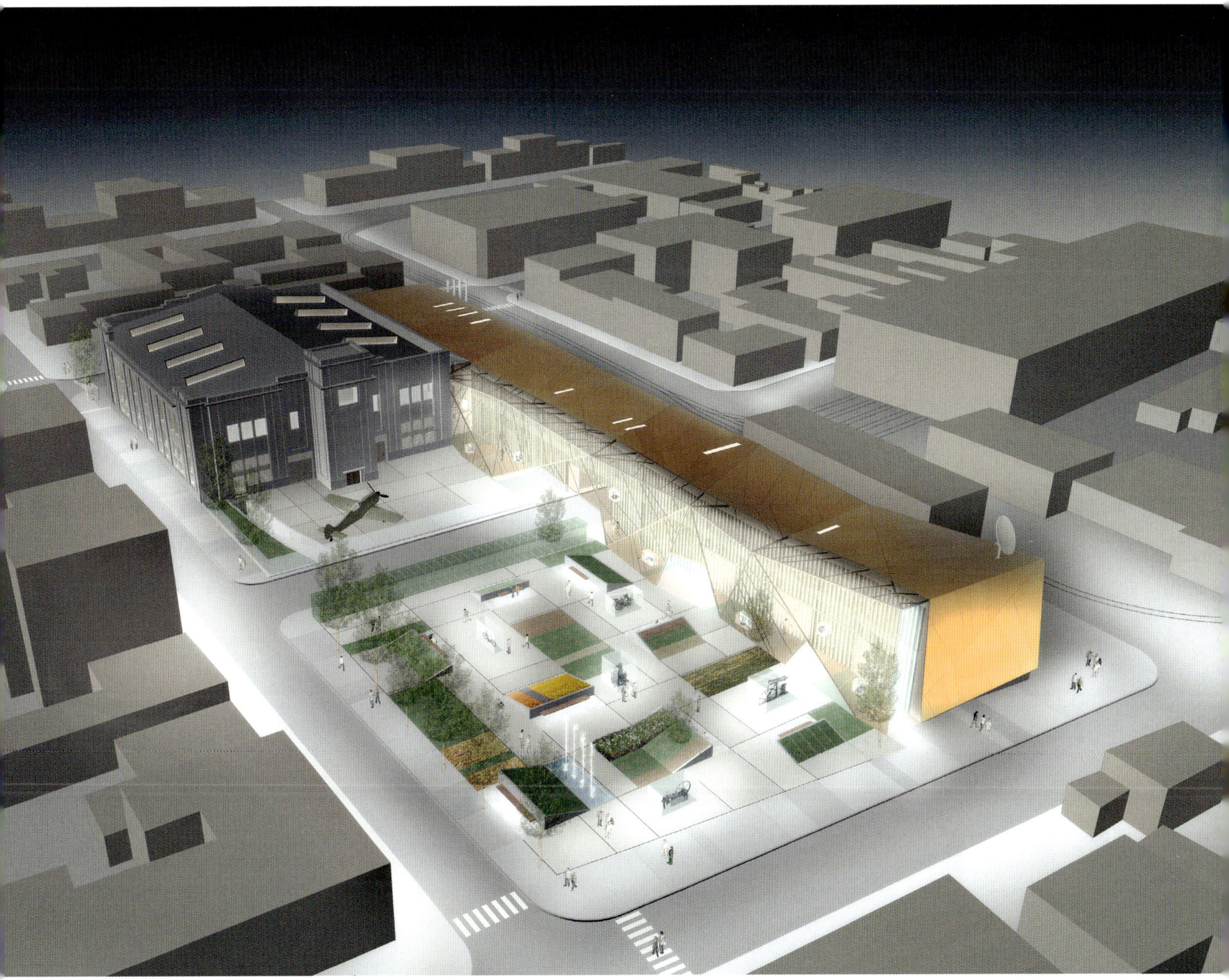

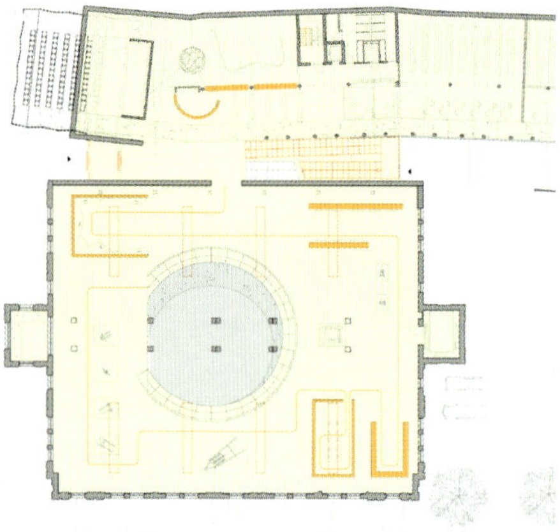

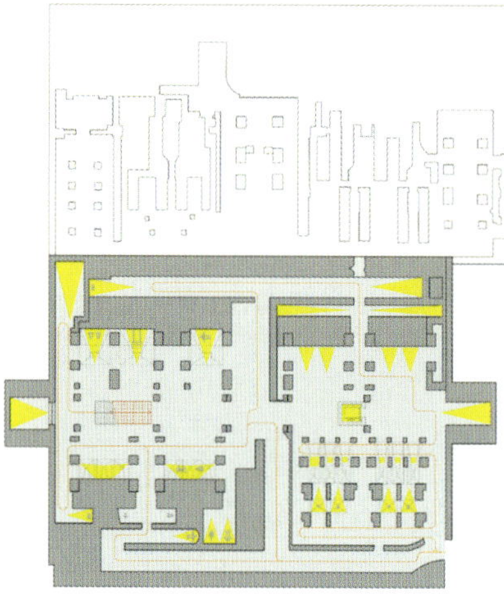

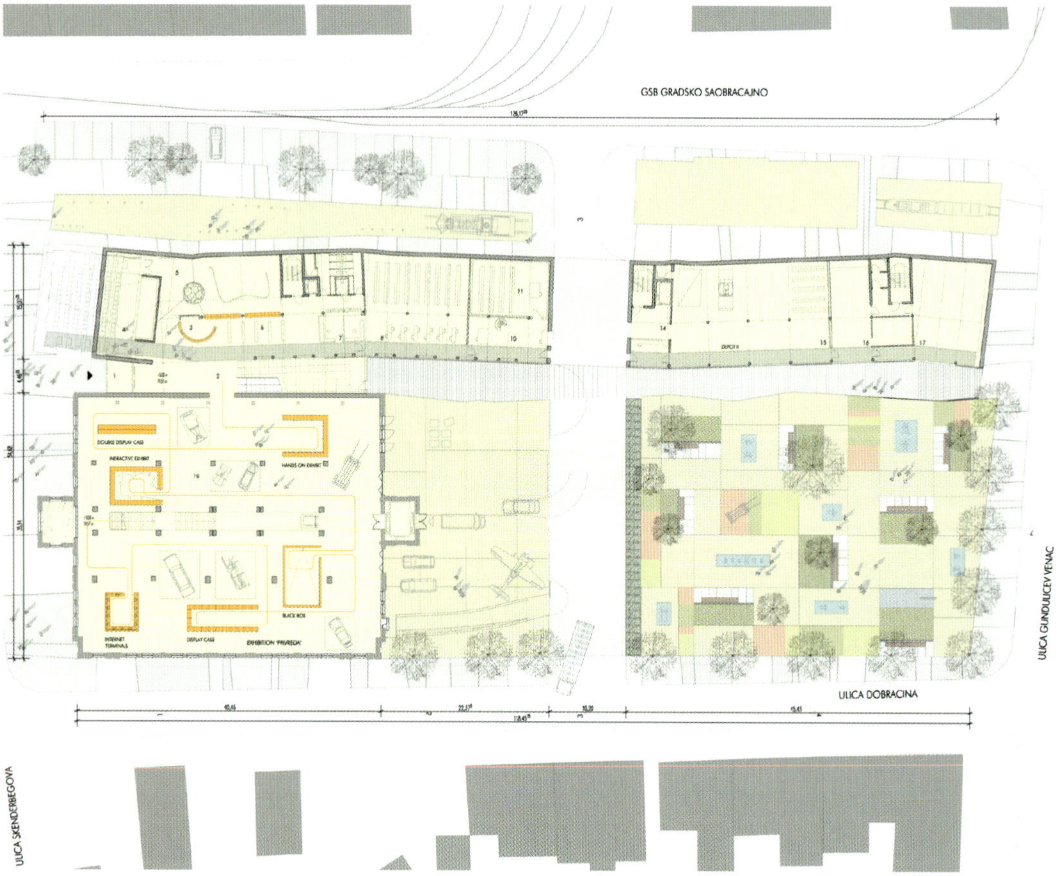
GSB GRADSKO SAOBRACAJNO
ULICA DOBRACINA
ULICA GUNDULICEV VENAC
ULICA SKENDERBEGOVA

Museum für Moderne Kunst
Novi Sad, Serbien, 2007
Wettbewerb, 2. Preis
mit S. Pirs, K. Bollinger, B. Cody

Museum of Modern Art
Novi Sad, Serbia, 2007
competition, 2nd prize
with S. Pirs, K. Bollinger, B. Cody

Cvjetni Trg
Geschäftspassage, Büros und Wohnungen
Zagreb, Kroatien, 2006–
Wettbewerb, 1. Preis

Cvjetni Trg
Shopping mall, offices and apartments
Zagreb, Croatia, 2006–
competition, 1st prize

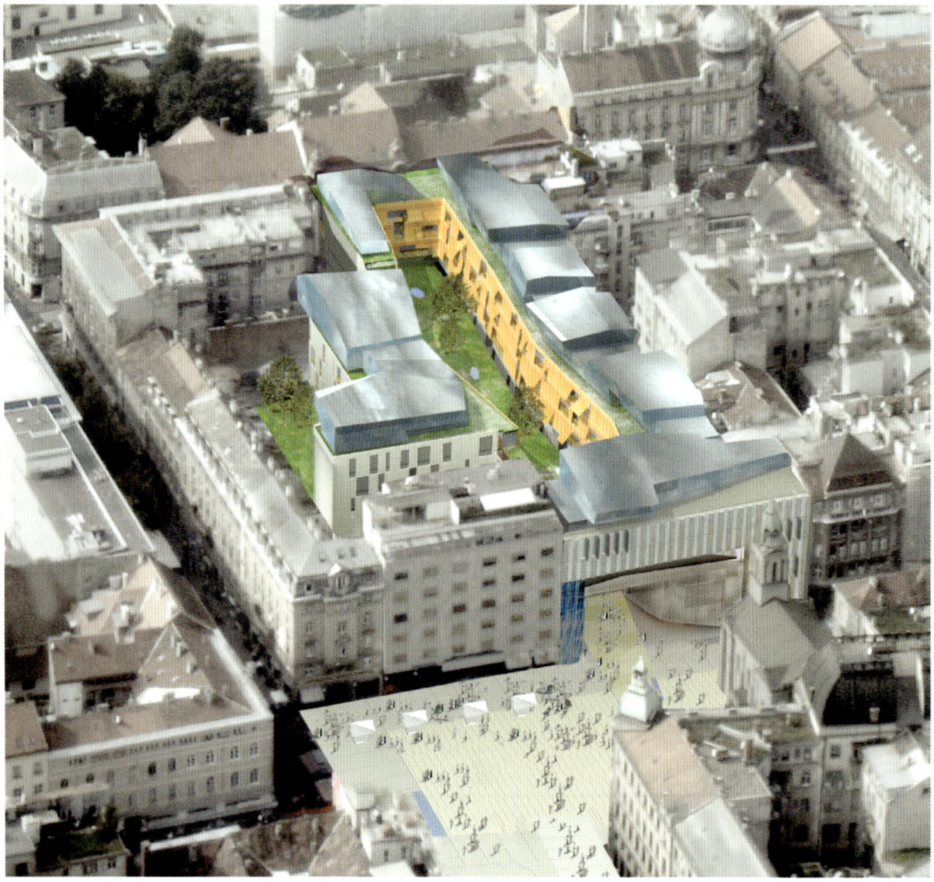

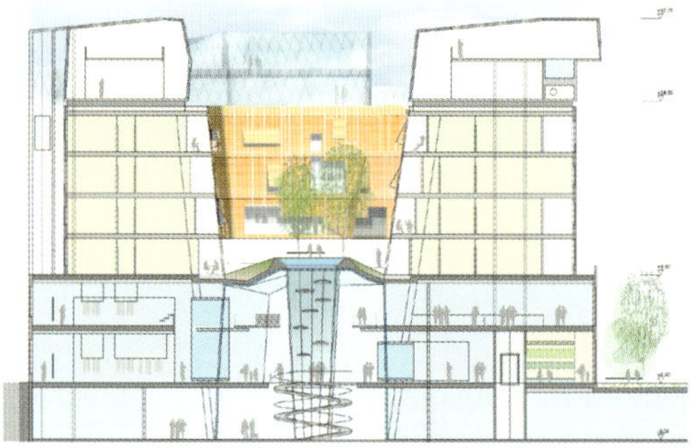

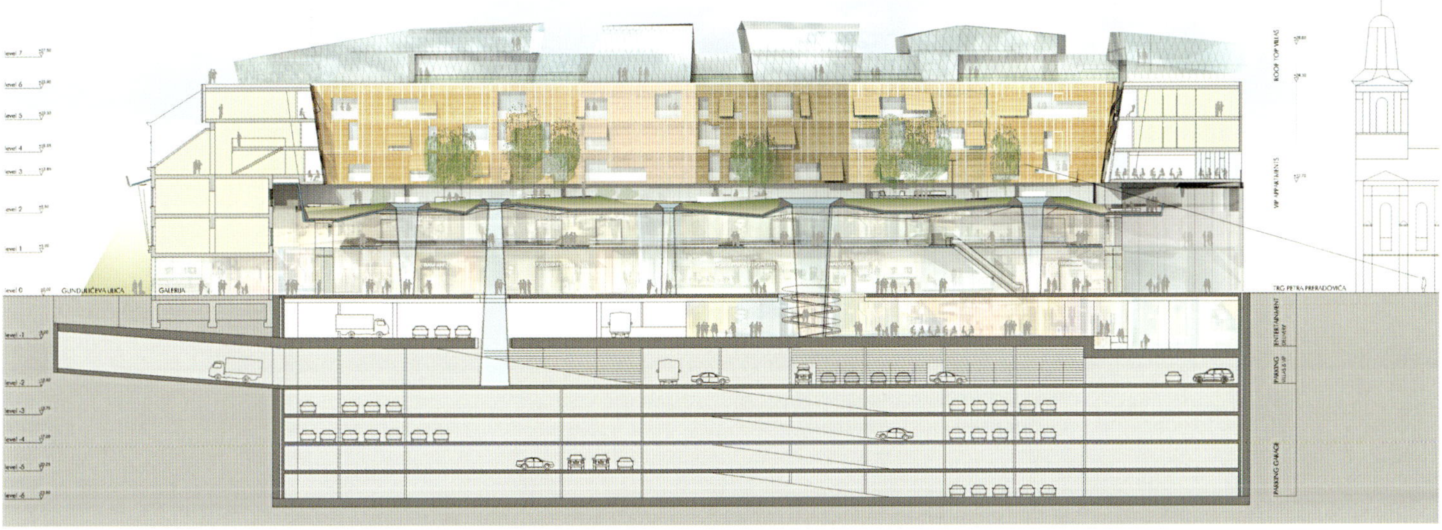
level 7
level 6
level 5
level 4
level 3
level 2
level 1
level 0
GUNDULIĆEVA ULICA
GALERIJA
level -1
level -2
level -3
level -4
level -5
level -6
ROOF TOP VILLAS
VIP APPARTMENTS
TRG PETRA PRERADOVIĆA
ENTERTAINMENT
DELIVERY
PARKING
VILLAS & VIP
PARKING GARAGE

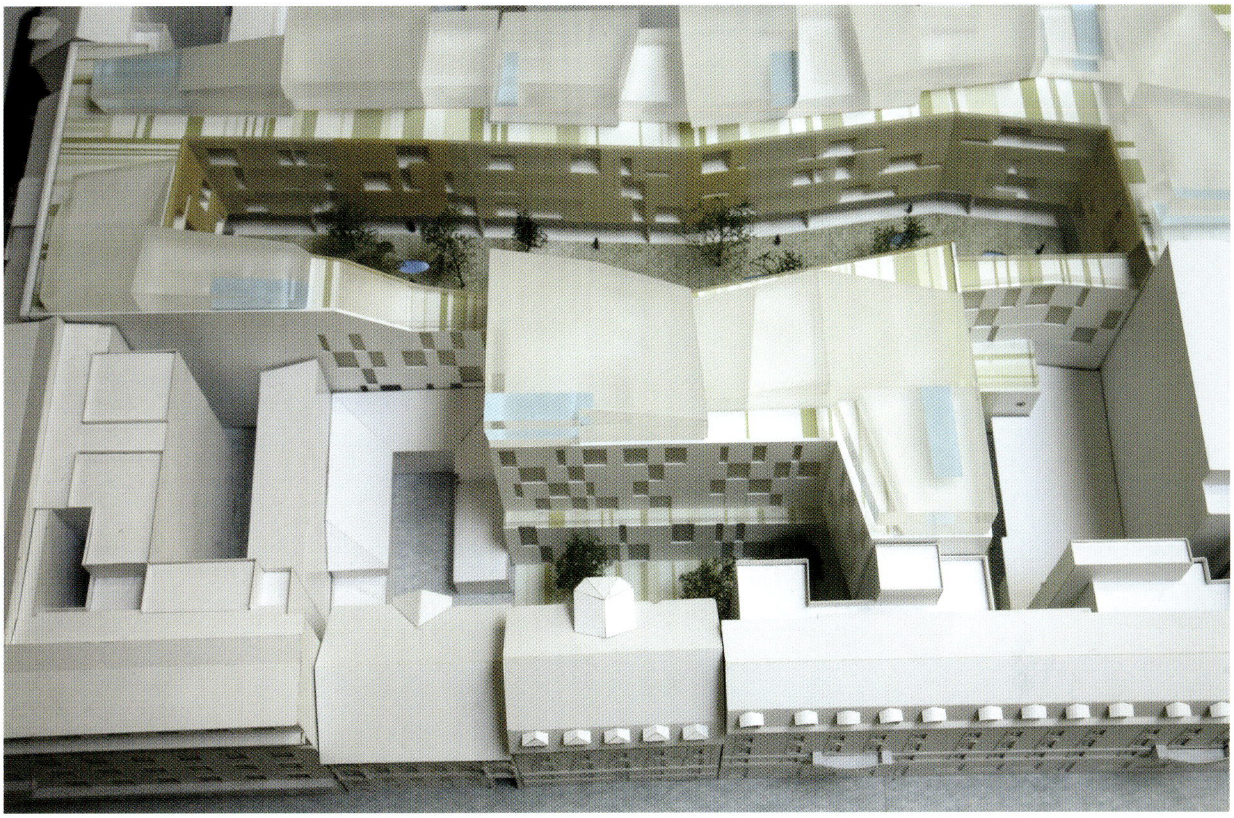

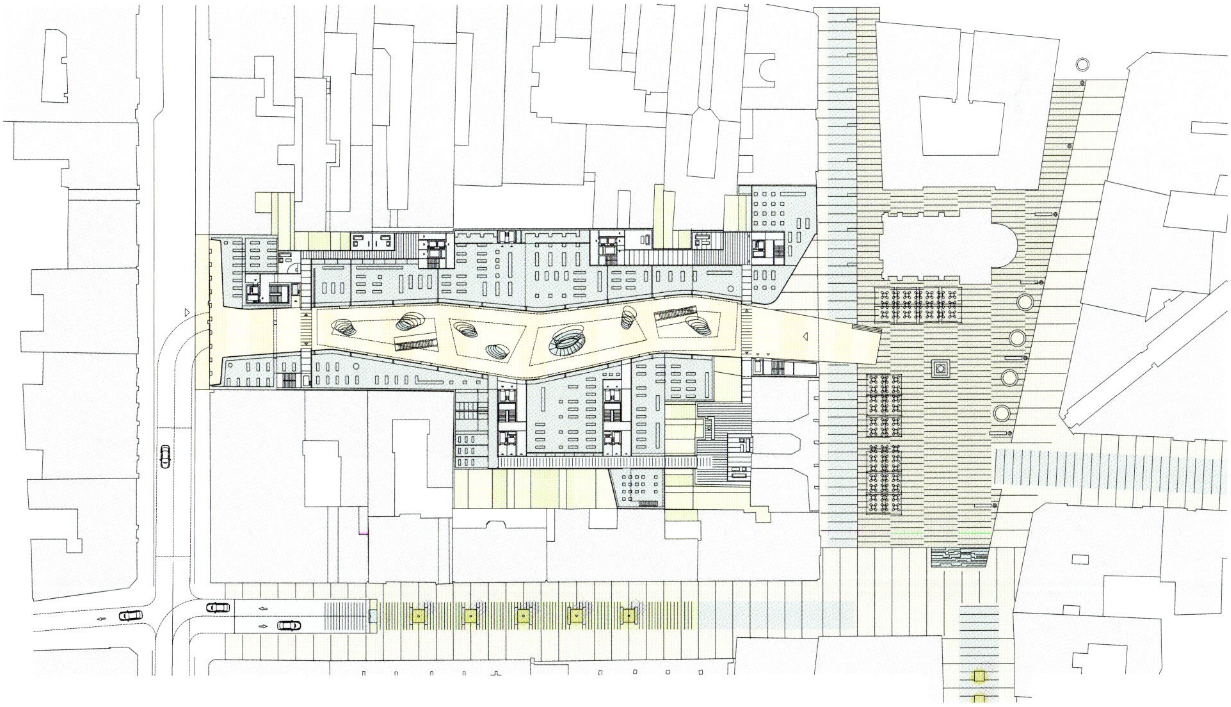

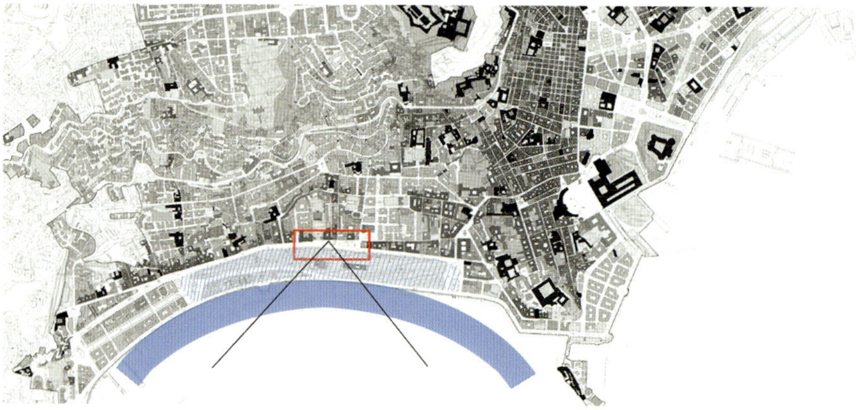

U-Bahn Neapel, Linie 6, Station San Pasquale
Neapel, Italien, 2006–

Napoli Subway, Line 6, Station San Pasquale
Napoli, Italy, 2006–

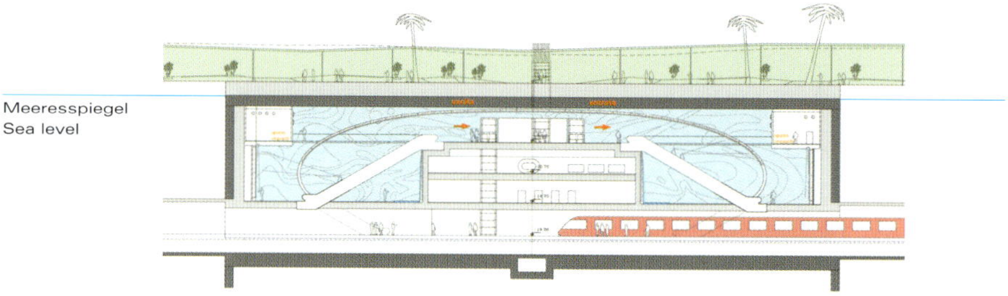

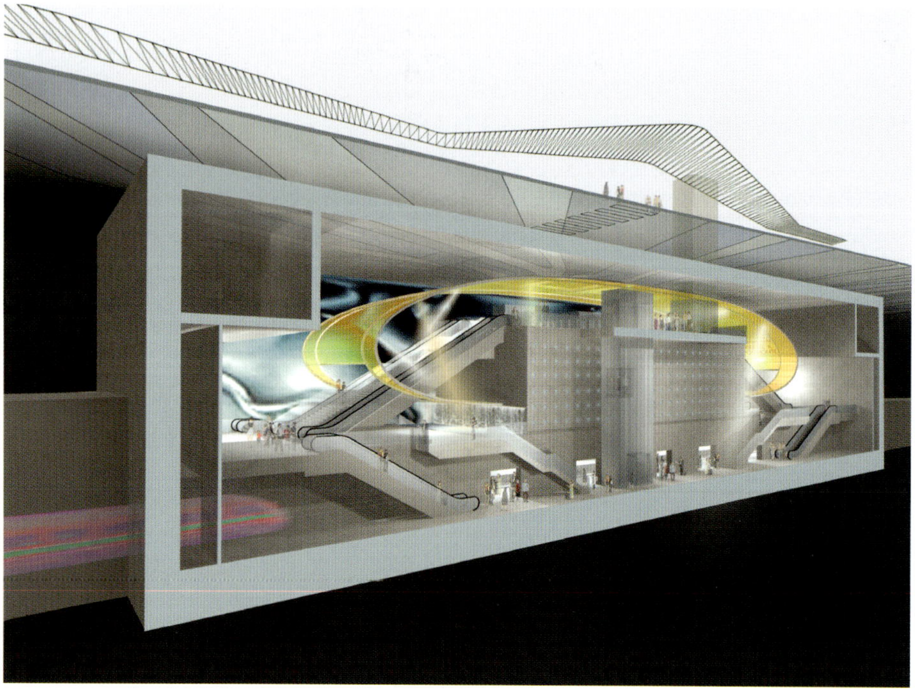

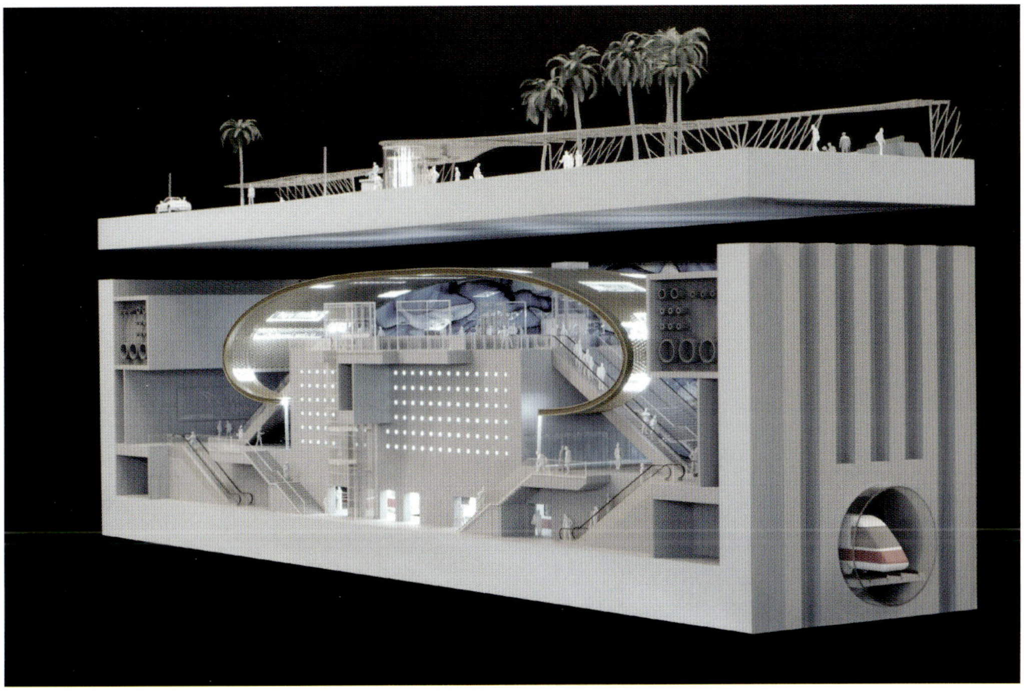

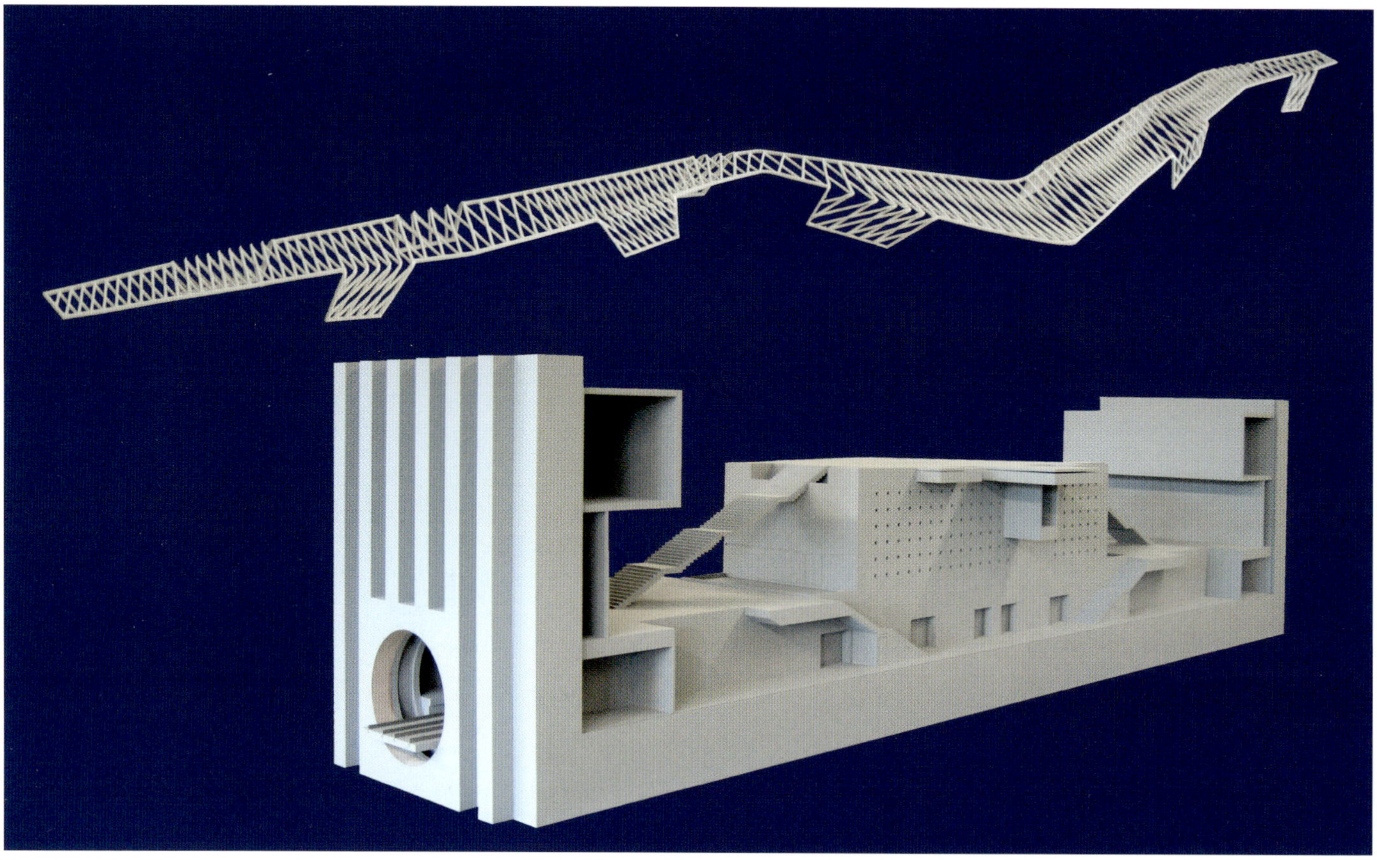

0
10

Peter Kogler
Seitenwände
Side walls

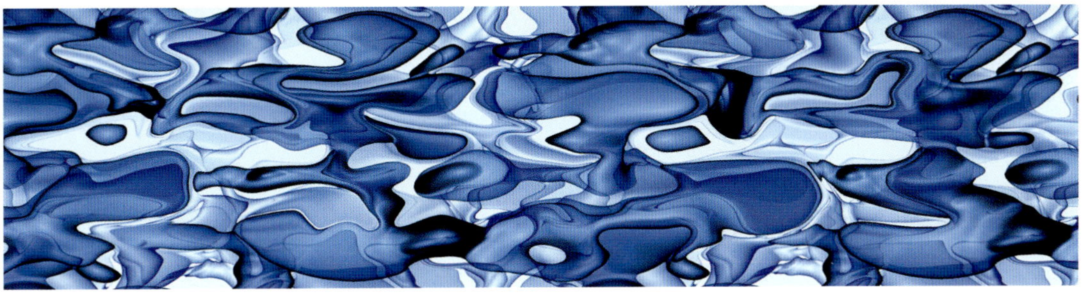

Michelangelo Pistoletto
1. Ebene
Level 1

Boris Podrecca
Platztextur
Floor texture

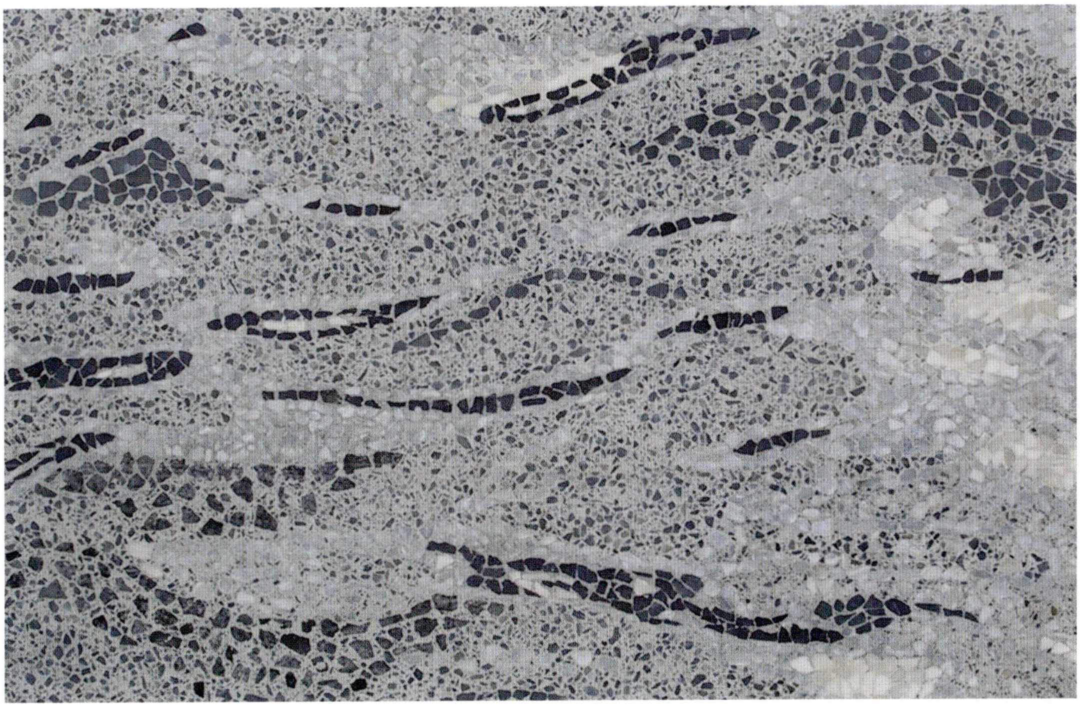

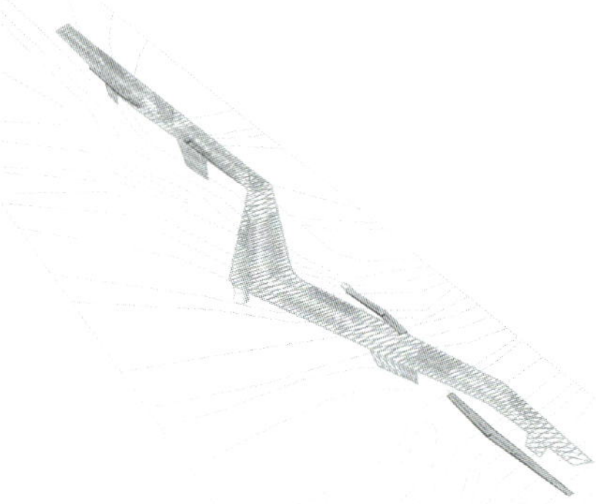
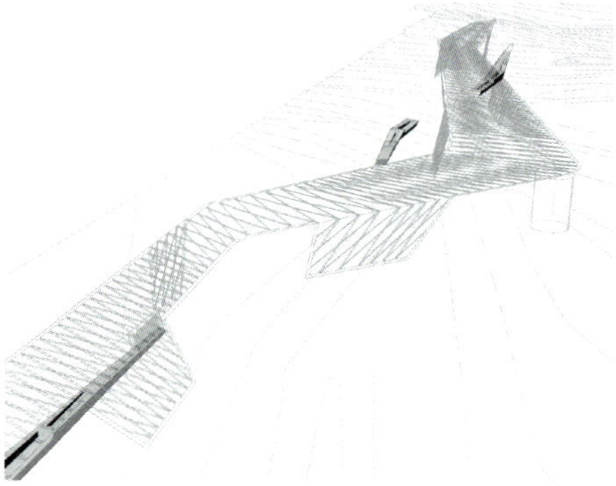
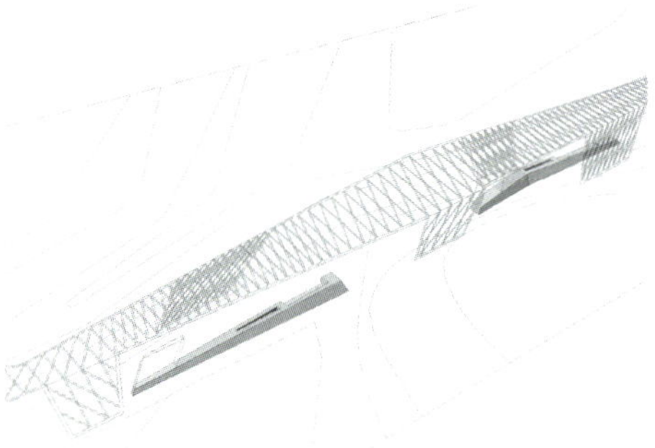

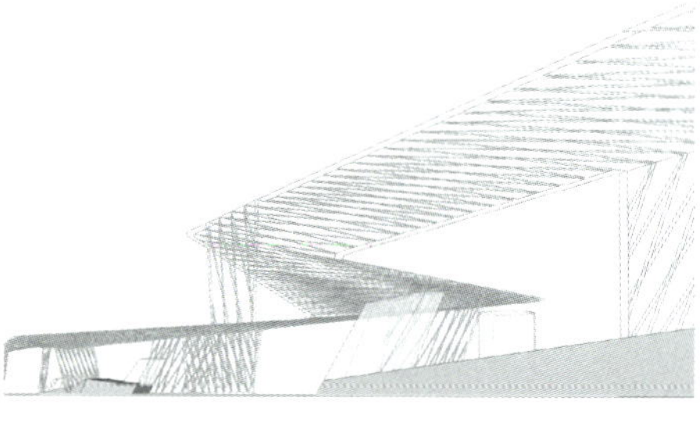

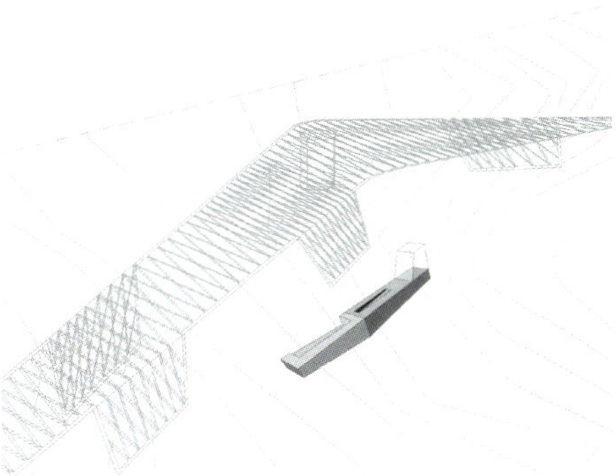

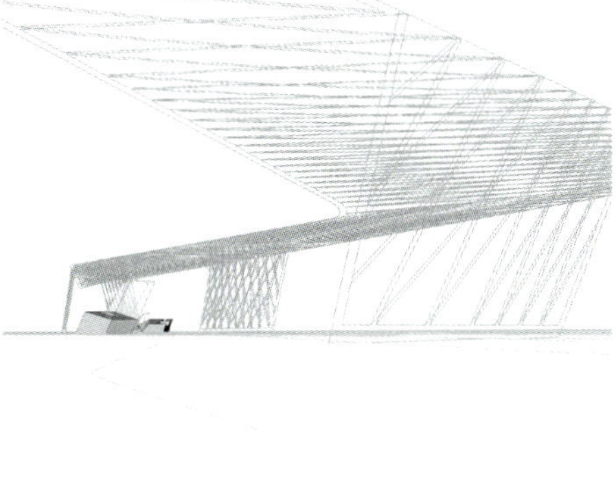
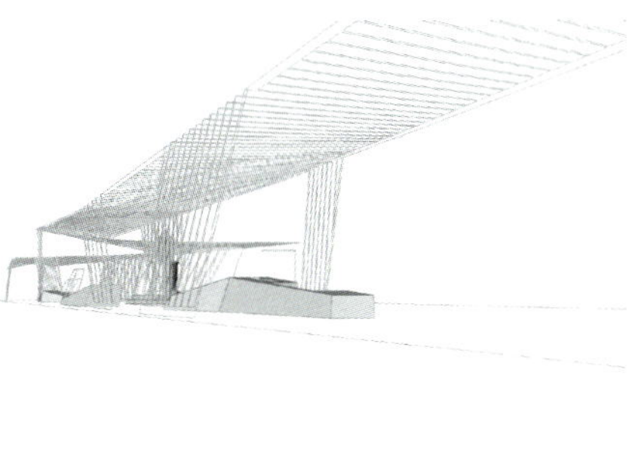

BORIS PODRECCA

Ateliers in Wien, Österreich
Stuttgart, Deutschland
Venedig, Italien
lebt in Wien

1940	geboren, Kindheit, Volksschule und Gymnasium in Triest, Italien
1960–67	Architekturstudium an der Technischen Universität Wien und Akademie der bildenden Künste Wien
1968	Diplom Meisterklasse Prof. Roland Rainer
1982–87	Gastprofessuren in Lausanne, Paris, Venedig, Philadelphia, London, Harvard-Cambridge (USA) und Wien
1988–2006	ordentlicher Professor an der Universität von Stuttgart, Direktor des Institutes für Raumgestaltung und Entwerfen
seit 1996	Ehrenmitglied des Bundes Deutscher Architekten (BDA)
seit 2000	Ehrendoktor der Universität Maribor, Slowenien

Studios in Vienna, Austria
Stuttgart, Germany
Venice, Italy
lives in Vienna

1940	Born, childhood, grammar school and high school in Trieste, Italy
1960–67	Study of Architecture at the Technical University Vienna and the Academy of Fine Arts Vienna
1968	Graduated from the master class of Prof. Roland Rainer
1982–87	Visiting Professor in Lausanne, Paris, Venice, Philadelphia, London, Harvard-Cambridge (USA) and Vienna
1988–2006	Full Professor at the University of Stuttgart, director of the Institute of Design and Theory of Space
since 1996	Honorary member of Bund Deutscher Architekten (BDA)
since 2000	Honorary doctor of the University of Maribor, Slovenia

PREISE (AUSWAHL)
SELECTED PRIZES

1982, 92	Plečnik-Award, Ljubljana
1986	Chevalier des Arts et des Lettres, Paris
1990	Award of the City of Vienna for Architecture
1997	Silver Medal of Merits, Vienna
1997	Award San Giusto d'Oro, Trieste
2003	Award Il Principe e l'Architetto, Milan
2004	Golden Medal of Merits, Vienna
2005	Mastro d'Arte della Pietra, Italy

ÖFFENTLICHER RAUM (AUSWAHL)
SELECTED PUBLIC SPACES

1989	Tartinijev Trg, Piran, Slovenia
1990	Piazza XXIV Maggio, Cormons, Italy
1992	Universitätsplatz, Salzburg, Austria
1994	Leipziger Platz, Vienna, Austria
1996	Rathausplatz St. Pölten, Austria
1997	Hauptplatz, Leoben, Austria
1998	Via Mazzini, Verona, Italy
2002	Marktplatz, Ottensheim, Austria with A. Böker, G. Eiböck
2002	Motta di Livenza, Italy with M. Zordan, A. Vesentini
2002	Strossmayer Park, Split, Croatia
2003–	Via Gallilei, Meran, Italy
2004–	Masterplan Nova Thiene, Italy
2004	Piazza Vittorio Veneto, Trieste, Italy with M. Drabeni
2004	Pariser Platz, Stuttgart, Germany with G. Luckner
2005–	Corso Mazzini, Piazza Cavour, Montebelluna, Italy
2005	Mestni Trg, Idrija, Slovenia with M. Lavrenčič
2005–	Schloßplatz, Laxenburg, Austria
2006–	Hauptplatz, Mondsee, Austria
2006–	Hauptplatz, Klagenfurt, Austria
2007–	Hauptplatz, St. Wolfgang, Austria

WERKVERZEICHNIS (AUSWAHL)
SELECTED PROJECTS

1989	Department store Leiner, Salzburg, Austria
1989	Conversion, Villa Moralić Cavtat/Dubrovnik, Croatia
1992	Church SS. Redentore, Fontanafredda, Italy
1992	Mazda-Lietz, car dealer, showroom and sales, Waidhofen/Ybbs, Austria
1993	Office building, Basler Insurance Company, Vienna, Austria
1993	Conversion, Bank branch Erste Österreichische Spar-Casse, Vienna, Austria
1994	Terrace houses, Laab im Walde, Austria
1994	Korotan, hotel and student dormitory, Vienna, Austria
1994	Secondary school, Dirmhirngasse, Vienna, Austria
1995	Conversion, municipal library, Biberach, Germany
1997	Conversion, Austrian Cultural Institute, Prague, Czech Republic
1997	Conversion, Wiener Städtische Insurance Company, Vienna, Austria
1998	Conversion and annex, Castle Štakorovec, Božjakovina, Croatia
1998	Conversion, Donau Insurance Company, Vienna, Austria
1999	Social housing, Am Liesingbach, Vienna, Austria
1999	Millennium Tower, Vienna, Austria with G. Peichl & R.F. Weber
2000	Greif-Complex, Bolzano, Italy with Promatek
2000	Social housing, Vorgartenstraße, Vienna, Austria
2000	Square, conversion and annex University of Maribor, Slovenia
2000	Erste Österreichische Spar-Casse, Innsbruck, Austria
2000	Social housing, In der Wiesen, Vienna, Austria
2002	Conversion, Museum of Modern Art Ca'Pesaro, Venice, Italy with M. Zordan
2002	Mazda-Lietz, car dealer, showroom and sales, Steyr, Austria
2002	Winery, Novi Brič, Slovenia with M. Lavrenčič
2003	Serbian Orthodox Church, Vienna, Austria
2003	Social housing, Hetzendorf, Vienna, Austria
2003	Housing, Judeca Nova, Giudecca, Venice, Italy
2004	Conversion, Ceramics Museum, Castle Ludwigsburg, Germany
2004	Hotel and Conference Center Mons, Ljubljana, Slovenia
2005	Vienna Bio Center 1, 2, 3, Vienna, Austria
2005–	Masterplan, housing and hotels, Campione del Garda, Italy
2006–	Regional Headquarters Vienna Insurance Group Graz, Austria
2006–	Primorje Construction Company, headquarters Ajdovščina, Slovenia
2006–	Napoli Subway, Line 6, Station San Pasquale Napoli, Italy, 2006–
2007–	Museum of Science and Technology Belgrade, Serbia

AUSSTELLUNGSGESTALTUNGEN
EXHIBITION DESIGNS

1982	*Max Fabiani 1865–1962. Bauten und Projekte in Wien,* Palmers exhibition rooms, Vienna, Austria
1984	*Carlo Scarpa,* Chiesa della Carità, Gallerie dell'Accademia, Fondazione Querini-Stampalia, Venice, Italy with M. Botta
1984/85	*Les Villes d'Eaux en France,* Ecole nationale supérieure des Beaux-Arts, Paris, France
1985-89	*Jože Plečnik. Architecte 1872–1957,* CCI Centre de Création Industrielle, Centre Georges Pompidou, Paris, Ljubljana, Vienna, Milan, Venice, New York
1987	*Bürgersinn und Aufbegehren – Biedermeier und Vormärz in Wien. 1815–1848,* Künstlerhaus, Vienna, Austria
1988	Design of the theme, *Cartografia,* for the XVII. Triennale di Milano, Milan, Italy
1989	*Phantasie und Industrie,* Technical Museum, Vienna, Austria
1990	*Il Veneto e l'Austria. Vita e cultura artistica nelle città venete 1814–1866,* Palazzo della Gran Guardia, Verona, Italy
1990	*Bismarck – Preussen, Deutschland und Europa,* Deutsches Historisches Museum, Martin Gropius Building, Berlin, Germany
1990	*Klar und lichtvoll wie eine Regel-Planstädte der Neuzeit vom 16.-18. Jhd.,* Badisches Landesmuseum Karlsruhe, Karlsruhe castle, Germany
1996	*Die Donau – 1000 Jahre Österreich,* Museum of History of the City of Vienna, Schottenstift, Vienna, Austria
1997/98	*Mastering the City,* Nederlands Architectuurinstituut NAI, Rotterdam, Netherland
1999	*Johann Strauss.* Museum of History of the City of Vienna, Vienna, Beijing, Hongkong
2003	*Jože Plečnik und Ljubljana – Der Architekt und seine Stadt,* Cultural Capital of Europe, Graz, 2003, Austria
2004	EU & YOU, object regarding the enlargement of the European Union 2004, Vienna, Graz, Villach, Brno, Bratislava, Ljubljana, Szombathely
2005	*K1-Transfer,* Deutsches Architektur Museum, Frankfurt, Germany

WETTBEWERBE 1. PREIS (AUSWAHL)
SELECTED COMPETITIONS, 1ST PRIZE

1987	City hall Nantes-Reze, France
1988	Atlanopole, Nantes, France
1989	New hotel at Juzni Trg, Ljubljana, Slovenia
1990	Donaukanal, Inner city, Vienna, Austria
1991	Nordbahnhofgelände – Masterplan, Vienna, Austria
1992	Social housing, Hofbauergründe, Vienna, Austria
1993	Main administration building, Berliner Wasser-Betriebe, Berlin, Germany
1993	Office building "Tor zum Landhaus", St. Pölten, Austria
1994	Social housing, Am Liesingbach, Vienna, Austria
1994	Urban renewal, Rathausplatz, St. Pölten, Austria
1995	Urban renewal, Hauptplatz, Leoben, Austria
1996	Multiplex Center, Ljubljana, Slovenia
1997	Social housing, In der Wiesen, Vienna, Austria
1997	Archaeological park "Parco di Teodorico", Ravenna, Italy
1998	Urban renewal, Griesplatz, Graz, Austria
2000	Campus Vienna Bio Center, Vienna, Austria
2001	Parish church and benefice center Pentecoste, Milan, Italy
2001	Urban Square, Makartplatz, Salzburg, Austria
2002	Lungomare, Trieste, Italy with M. Drabeni and M. Casteletti
2003	Musée National de la Porcelaine – Adrien Dubouché, Limoges, France with Tisserand, Casalas, Breton
2003	Urbanization, Donaupark Urfahr, Linz, Austria
2004	Ville Urbane, Ljubljana, Slovenia
2005	Punta Skala Resort, hotels, apartments and villas, Zadar, Croatia
2006	Cvjetni Trg Shopping mall, offices and apartments Zagreb, Croatia

BIBLIOGRAFIE

Gavrič, Zoran, *Boris Podrecca. Arhitektura u rasponu tradiranog.* Ausstellungskatalog. (Ed.) Muzej savremene umetnosti Beograd. Belgrad, 1984.

Lucan, Jacques, *Travaux viennois. Boris Podrecca*, in: AMC, No. 4. Paris, 1984.

Steiner, Dietmar, *Viennese Architect Boris Podrecca*, in: a+u Architecture and Urbanism, No. 190. Monografische Ausgabe. Tokyo, 1986.

Moneo, José Rafael / Wang, Wilfried, *Boris Podrecca.* Ausstellungskatalog. (Ed.) Harvard University Graduate School of Design. New York, 1987.

Boris Podrecca. Il progetto di architettura versus l'architettura del progetto, in: Parametro, No. 153. Monografische Ausgabe. Faenza, 1987.

Boris Podrecca. Architektur, in: bauforum, No.121. Monografische Ausgabe. Wien, 1987.

Moneo, José Rafael / Chramosta, Walter M. / Rozanc, Marjan / Kozelj, Janez / Vodopivec, Aleš, *Boris Podrecca. Architecture.* Ausstellungskatalog. Madrid, 1992. (Ed.) Obalne Galerije. Piran, 1992.

Zschokke, Walter, *Boris Podrecca. Arbeiten / Works 1980–1995.* Monografie mit einem Essay von Friedrich Achleitner. Birkhäuser Verlag. Basel / Boston / Berlin, 1996.

Zschokke, Walter, Boris Podrecca. *Opere e progetti.* Monografie. Electa, No. 112. Mailand, 1998.

Kapfinger, Otto, Interview mit Boris Podrecca, *Poetik der Unterschiede / Poezie kontrastu / Poetica delle diversitá.* Katalog anlässlich der Ausstellung im Historischen Museum der Stadt Wien, auf der Prager Burg, in der Slovenská Národná Galéria, Bratislava und im Civico Museo Revoltella, Triest. Wien, 1998/1999.

Boris Podrecca. Offene Räume / Public Spaces. Mit einem Essay von Werner Oechslin. (Ed.) Matthias Boeckl. Springer Verlag. Wien/New York, 2004.

Boris Podrecca. Ausstellungskatalog. Galerie der serbischen Akademie für Wissenschaft und Kunst. Belgrad, 2006.

BIBLIOGRAPHY

Gavrič, Zoran, *Boris Podrecca. Arhitektura u rasponu tradiranog.* Exhibition catalogne. (Ed.) Muzej savremene umetnosti Beograd, Belgrade, 1984.

Lucan, Jacques, *Travaux viennois. Boris Podrecca*, in: AMC, No. 4, Paris, 1984.

Steiner, Dietmar, *Viennese Architect Boris Podrecca*, in: a+u Architecture and Urbanism, No. 190. Monographic edition, Tokyo, 1986.

Moneo, José Rafael / Wang, Wilfried, *Boris Podrecca.* Exhibition catalogue. (Ed.) Harvard University Graduate School of Design. New York, 1987.

Boris Podrecca. Il progetto di architettura versus l'architettura del progetto, in: Parametro, No. 153. Monographic edition, Faenza, 1987.

Boris Podrecca. Architektur, in: bauforum, No. 121. Monographic edition, Vienna, 1987.

Moneo, José Rafael / Chramosta, Walter M. / Rozanc, Marjan / Kozelj, Janez / Vodopivec, Aleš, *Boris Podrecca. Architecture.* Exhibition catalogue. Madrid, 1992. (Ed.) Obalne Galerije. Piran, 1992.

Zschokke, Walter, *Boris Podrecca. Arbeiten / Works 1980–1995.* Monography with an essay by Friedrich Achleitner. Birkhäuser Verlag. Basel / Boston / Berlin, 1996.

Zschokke, Walter, *Boris Podrecca. Opere e progetti.* Monography, Electa, No. 112. Milano, 1998.

Kapfinger, Otto, Interview with Boris Podrecca, *Poetik der Unterschiede / Poezie kontrastu / Poetica delle diversitá.* Exhibition catalogue. Museum of History of the City of Vienna, Castle of Prague, Slovenská Národná Galéria, Bratislava, Civico Museo Revoltella, Trieste. Vienna, 1998/1999.

Boris Podrecca. Offene Räume / Public Spaces. With an essay by Werner Oechslin. (Ed.) Matthias Boeckl, Springer Verlag. Vienna/New York, 2004.

Boris Podrecca. Exhibition catalogue. Gallery of Serbian Academy of Sciences and Arts. Belgrade, 2006.

BILDNACHWEIS I PHOTO CREDITS

Lichtlabor Bartenbach
Gert von Bassewitz
Elio Ciol
Marco Covi
Oskar Dariz
Paola De Pietri
Donato di Bello
Damir Fabijanič
Damjan Gale
Pez Hejduk
Robert Herbst
Jaka Jeraša
Klaus Gerlach Jørgensen
Miran Kambič
Bruno Klomfar
Teo Krijgsman
Alberto Lagomaggiore
Frank Lynen
Gerhard Luckner
Monika Nikolic
Wolfram Otlinghaus
Boris Podrecca
Damian Prelovšek
Uwe Rau
Herbert Schwingenschlögl
Manfred Seidl
Margherita Spiluttini
Ludwig Thalheimer
Marco Zanta
Gerald Zugmann

RENDERINGS

archivision
beyer.co.at
Roman Bönsch
Esplanada
K2architektur.at
Modus d.o.o.
Office Le Nomade
Projectspace.at
Werner Skvara
studiobaff

Lichtkubus „Cuboluce"

Lightcube "Cuboluce"